ADOLESCENTES

ALBA CASTELLVI

Adolescentes

Una guía para vivir sin tensiones
la etapa más compleja
del crecimiento

URANO

Argentina – Chile – Colombia – España
Estados Unidos – México – Perú – Uruguay

Título original: Educar adolescents
Editor original: Angle Editorial
Traducción: Manuel Fernández Plata

1.ª edición Octubre 2022

ISBN: 978-84-17694-82-1
E-ISBN: 978-84-19251-51-0
Depósito legal: B-15.001-2022

Fotocomposición: Ediciones Urano, S.A.U.

Impreso por: Rotativas de Estella – Polígono Industrial San Miguel
Parcelas E7-E8 – 31132 Villatuerta (Navarra)

Impreso en España – *Printed in Spain*

ÍNDICE

APERITIVO: NOTAS LITERARIAS

Antes de empezar, dejémonos mecer por un par de voces de grandes autores literarios que han contemplado la relación entre padres e hijos adolescentes, con cien años de diferencia y desde dos ángulos diferentes. En el primer texto, la voz es la del padre de un adolescente; en el segundo, la de un hijo de veintiún años.

Maggie O'Farrell en *Tiene que ser aquí*[1]

Esta voz que leerás es la de un personaje contemporáneo al que los hijos se le han empezado a hacer mayores. Explica la visión de un momento muy concreto, una tarde del principio de la adolescencia. Dice:

> ¿Sabéis una cosa rara que ocurre cuando tienes hijos mayores de diez años?
>
> Que no se van a dormir.
>
> Tiempo atrás, podías meterlos en la bañera a las siete de la tarde, ponerles el pijama, leerles un cuento, y a las ocho ya

1. Maggie O'Farrell, *Tiene que ser aquí*, Barcelona, Asteroide, 2017.

dormían: trabajo hecho. Tu mujer y tú podíais levantar la cabeza y miraros por primera vez en todo el día. Teníais dos o tres horas de margen para hacer lo que quisierais. Hablar, leer un libro, algo un poco más horizontal o, sencillamente, deleitaros en la idea de que nadie vendría a tiraros la manga para pediros cosas extrañas. (Una vez anoté mi preferida: «Padre, mientras preparas la cena, ¿puedes construirme un teatro de títeres?». Marithé, cuatro años).

Pero, cuando pasan de los diez, es otra cosa. Se quedan merodeando por allí. Se niegan a obedecer cuando les mandas bañarse. Engullen la cena y después piden que les sigas alimentando: quieren diversión, conversación, ayuda para proyectos que de repente recuerdan, discusiones sobre la paga, el destino de las vacaciones, la variedad de bebidas disponibles. Puedes intentar escapar y esconderte en algún sitio, en un sillón de un rincón tranquilo de la casa y abrir un libro, cuando irrumpe algún adolescente, muy rabioso porque se le han roto los cordones de unas zapatillas muy especiales.

Es, en cierto modo, más duro que todas las maniobras que tienes que hacer para engatusar, sosegar y reducir a los más pequeños de cinco años, y eso que yo, en su momento, creía que era imposible que hubiera algo más duro.

Josep Pla en *El cuaderno gris*[2]

Cuando Josep Pla tenía veintiún años y vivía con sus padres, escribió, el día 6 de septiembre de 1918, una reflexión sobre las

---

2. Josep Pla, *El cuaderno gris*, Barcelona, Destino, 1998.

discordias entre padres e hijos, buena muestra de que la discrepancia entre generaciones es un hecho intemporal:

La polémica con mi padre es constante, permanente. No hay manera de entenderse sobre casi nada. Las generaciones pasan y los puntos de vista, las ideas, tienen que ser, por fuerza, diferentes. Todo es relativo: socialmente hablando, lo que es verdad en Figueres es mentira en Perpinyà; lo que en 1900 era considerado un dogma, en 1918 se discute.

Pero todo esto es, quizá, demasiado objetivo, demasiado frío. Las diferencias entre las generaciones son ineluctables, es perfectamente sabido, pero estos conflictos, así y todo, se producen. Es una ingenuidad contribuir a ello, pero es un hecho que contribuimos.

Es como una especie de fatalidad, que la convivencia acentúa y acaba por convertir en un problema insoluble. Cuanto más separada vive la gente, más se quiere. Cuantos más contactos tiene, más se menosprecia.

Está, además, la educación. La educación del país exige vivir admirablemente con los forasteros y acepta que se viva como gato y perro con la familia. Mientras sea un extraño, puedo convivir perfectamente con la persona más contraria a mi manera de pensar. En cambio, cualquier nadería es un pretexto para discutir con mi padre, agriamente, por no decir airadamente. Es una situación que se alimenta de las más insignificantes pequeñeces. En cierta manera, la discusión se dispara maquinalmente, como si obedeciese a una fuerza, incontrolable, inconsciente.

Los viejos —la generación anterior— defienden lo que es. Los jóvenes —la generación actual— defienden lo que tendría que ser. Mi padre cree que el mundo no puede ser diferente a como es. A mí me parece que podría ser diferente. Los jóvenes piensan que los viejos tienden demasiado a la comodidad y a la hipocresía. Los viejos consideran que los jóvenes son insensatos, atolondrados e imprudentes. Yo sospecho que, en determinados países, el criterio de los jóvenes tiene una salida más fácil que en otros, más anquilosados, cristalizados y de una estructura más fibrosa. El nuestro es un país de estos. El lenguaje popular está saturado de sentencias de viejo: «Así lo hemos encontrado, así lo dejaremos»; «En cada colada perdemos una sábana…», etc. Estas expresiones, tan reiteradas, me sacan de quicio.

Pero, en fin, considerado en frío, todo este alboroto es un poco pueril. Mi padre y yo nos pasamos a veces tres o cuatro días sin decirnos nada, mirándonos con el rabillo del ojo, a punto de que se nos dispare el mecanismo inconsciente. Las reconciliaciones tienen una superficie de cordialidad muy sutil: no arreglan nada. A veces pienso que mi padre me odia y me desprecia. Cuando analizo mi sentimiento, descubro que, en el fondo, le quiero.

Todo esto se ve perturbado, aún, por la opinión de los demás. A los ojos de la gente, parezco un gandul y un infeliz. El primer extremo quizá no es muy exacto. El segundo es probablemente cierto: no tengo condiciones para encauzarme, mi capacidad para las cosas prácticas es nula, el dinero no parece hecho para mí. Comprendo que mi familia sufra.

PRESENTACIÓN

Este libro es deudor de *Educar sin gritar*, un manual para «acompañar a los hijos entre cuatro y doce años en el camino hacia la autonomía», como decía el subtítulo. Muchas familias que hicieron ese camino me han pedido que las acompañe un poco más, mientras todavía conviven con unos hijos que han crecido y ahora tienen otras necesidades y otras formas de relacionarse. El libro que te ofrezco está dedicado a todas esas familias.

En las páginas que siguen encontrarás ideas variadas para situaciones diversas. Aunque los retos y los problemas de las familias con adolescentes suelen ser bastante comunes, en cada familia la escena varía y los asuntos tienen matices; por eso te propongo múltiples estrategias para que puedas escoger en función de tu realidad concreta.

Según sea la edad de tu hijo adolescente —y según cómo encaje su personalidad con la tuya— también serán más adecuadas unas técnicas u otras. Algunas de las herramientas que te explico serán más fáciles de utilizar para familias con hijos preadolescentes o en la primera franja de la adolescencia (de los ocho a los diez, de los diez a los doce años), mientras que otras, y sobre todo los planteamientos más generales del epílogo, irán mejor a las familias que tengan adolescentes de mayor edad.

Tu sentir y tu pensar sobre los valores, la relación que tengas establecida en casa y la personalidad de hijos y padres te permitirán decidirte por unas estrategias u otras.

También es posible que las herramientas que elijas en un determinado momento te sean útiles durante un tiempo y que, más adelante, tengas que optar por otras. Los hijos evolucionan y la familia también, así que lo que es idóneo en una etapa concreta puede tener que cambiarse al cabo de unos meses para conseguir el mismo resultado.

De ahí que uno de los valores del libro sea la amplitud en la gama de estrategias. Encontrarás ideas de diferentes estilos, porque mi objetivo es darte ideas variadas para que puedas utilizar las más adecuadas en cada caso. Lo que todas las herramientas tienen en común, eso sí, es que están orientadas a una educación respetuosa, responsabilizadora y serena: una educación en la libertad responsable.

INTRODUCCIÓN:
LOS GRANDES CAMBIOS

Seguir su camino

Como la nieve bajo el sol, hay un momento en la vida de la familia en la que los niños se funden ante nuestros ojos. Nuestro niño desaparece y en su lugar tenemos a un chico —o a una chica— que quiere ir a lo suyo y a su manera, que cada vez está menos interesado por nosotros y más por los de fuera de casa, y que de vez en cuando responde mal.

Si todavía no te ha llegado, aprovecha y disfruta de lo que tienes. Pero prepárate: puede que tarde o temprano llegue el momento en que mirarás a tu hijo y te preguntarás qué ha sido del niño o la niña que fue y que jugaba sin parar, o dónde ha ido aquel niño que se apuntaba con entusiasmo a cualquier propuesta estimulante que se le hiciera. Si no lo ves por ninguna parte, y en su lugar ahora hay un jovencito tumbado en el sofá que no parece tener ganas de hacer nada o una jovencita que solo se emociona ante la pantalla del móvil, bienvenido a la adolescencia y a las páginas de este libro.

En cuanto al entusiasmo, la alegría doméstica, las ganas de hacer cosas con los padres y alguna otra cuestión no menos importante, las criaturas *in*volucionan cuando se vuelven adolescentes. Y, con esa involución, se producen cambios sustanciales en la familia.

Cuando esto ocurre, los padres ya hace unos años que hacemos de padres. Y durante estos años, con la ayuda de la experiencia y quizá incluso de algún libro para aprender a hacerlo, hemos ido encontrando maneras de que las cosas marchen más o menos bien. Con un poco de suerte, hemos conseguido que todo funcione con cierta armonía, que el camino que hacemos juntos como familia sea bastante agradable, que las curvas del trayecto no nos mareen demasiado. Es como si con el tiempo hubiéramos aprendido a conducir con solvencia el coche familiar, sabiendo cómo funcionan los mandos, cuál es la velocidad adecuada, qué música podemos compartir durante el trayecto… Y, entonces, cuando ya hemos hecho muchos kilómetros juntos, cuando todo va sobre ruedas con nosotros cómodamente al volante del vehículo, cuando nuestros hijos tienen doce, trece, catorce años… la armonía se trastoca: los jóvenes se cansan de hacer de pasajeros del monovolumen familiar y quieren conducir ellos. Pero no quieren conducir nuestro bonito coche donde cabemos todos; no, lo que quieren conducir es nada menos que su propio descapotable. Del que esperan que nosotros le pongamos gasolina y paguemos las reparaciones, el seguro y el impuesto de circulación.

Hacia la independencia

A medida que los hijos crecen, quieren hacer más cosas por cuenta propia y menos, cada vez menos, con el resto de la familia. A menudo, también quieren prescindir de nuestras normas y actuar tal y como a ellos les parece bien. E incluso cuestionan algunos valores esenciales en la forma de actuar de nuestra tribu. Los adolescentes, en definitiva, quieren tomar el volante y seguir su camino, sin que nadie decida por ellos cuál debe ser la ruta. Y cuando los padres les recordamos que hay un código de circulación que se debe respetar, les mostramos señales de dirección prohibida o de dirección obligatoria y les ponemos algún STOP ante las narices, los jóvenes suelen tocar el claxon con indignación y lanzan improperios que los sufridos adultos tomamos como podemos, con resignación, con rabia o con humor, según el día y la hora (y el carácter y la preparación de cada uno).

Cabe decir que, si no fuera así, tendríamos un problema. Si un adolescente prefiere quedarse sentado tranquilamente en el asiento trasero, sin hacerse notar aunque solo sea por llevar la contraria, renegar o quejarse de lo que toca hacer, haríamos bien en inquietarnos pensando si está demasiado mareado por las curvas de la vida o si teme circular por ella. Ahora bien, no es menos cierto que, mientras protestan, se resisten y no colaboran, no es fácil poner buena cara. Por eso los padres haremos bien en buscar ayuda en este libro.

Siempre conviene saber lo que quieren decir las cosas. *Adolescente* viene del verbo latino *adolescere*, y significa «empezar a crecer».[3] Un adolescente, pues, es alguien en proceso de hacerse

---

3. *Adolere* significa «hacerse mayor, hacerse adulto», y *-scere* indica el comienzo de una acción. El adolescente, por lo tanto, es alguien que empieza a hacerse adulto. La palabra no tiene nada que ver con *doleo*, de donde deriva *dolor*. Lo aclaro porque a veces se dice que ser adolescente es ser alguien que sufre, que sufre una «dolencia», y que de ahí la palabra, y eso no es así. Los adolescentes sufren más o menos como todo el mundo, según la circunstancia y el momento: no es bueno pensar que lo hacen más ni menos que una persona de cualquier edad, porque eso modificaría nuestra actitud educativa al malentender sus necesidades. Y hay que tener presente que a menudo los padres y madres sufren más que ellos, debido a su adolescencia, por una serie de razones que iremos viendo.

mayor. Esta transformación tiene implicaciones de todo tipo, que van desde las biológicas hasta las políticas. Las que más nos interesan en este libro son las implicaciones sociales y psicológicas, porque la relación entre padres e hijos es una relación social que depende de la psique de cada uno y del contexto en el que tiene lugar la relación.

Por eso quiero empezar hablando de la libertad, porque la libertad es el concepto filosófico y social que más mueve al adolescente. Me explico: una de las diferencias esenciales entre un niño y una persona adulta es que esta última —excepto en caso de estar incapacitada— toma todas (o casi todas) las decisiones importantes de su vida, mientras que el niño, al ser una persona dependiente, es guiado por las decisiones de los adultos de los que depende. El niño no decide, por ejemplo, dónde vive, ni con quién vive, ni qué come o cuándo come, ni decide tampoco cómo debe ocupar su tiempo, en términos generales. Todo esto lo deciden los padres en su lugar. El proceso de hacerse mayor consiste en dejar de ser la persona dependiente que es el niño para ser una persona independiente. Por lo tanto, crecer implica pasar de ser alguien que no decide gran cosa sobre su vida… a ser alguien que toma cada vez más decisiones, hasta tomarlas todas. Crecer es hacerse libre. El adolescente se encuentra justo en ese proceso de transición: en el tiempo que dura el paso a la edad adulta, irá cogiendo las riendas de su vida. Quiere decidir qué hace y qué deja de hacer en tantos aspectos como sea posible. Y poco a poco, y si todo va bien, lo conseguirá.

Movimientos tectónicos, cambios de paisaje

Este proceso, totalmente natural en el sentido biológico del término, produce movimientos tectónicos en la familia. Son movimientos de fondo, de los que provocan terremotos y fallas, y a veces encienden volcanes. Al igual que los movimientos de placas en la corteza terrestre cambian para siempre la configuración del paisaje, los movimientos de placas en la familia están destinados a cambiar para siempre la configuración de sus relaciones. Detrás de las fallas, los terremotos y las erupciones que la familia vive durante la transición que representa la adolescencia, el paisaje será diferente y todo lo que vendrá a continuación tendrá poco que ver con lo que ocurría antes de esta etapa.

La mayoría de los lectores de este libro y yo misma hemos tenido la suerte de no vivir nunca un terremoto de los de verdad. Pero no nos cuesta nada imaginarnos que, cuando la tierra se mueve bajo nuestros pies, cuando todo lo que hay a nuestro alrededor se derrumba y no sabemos dónde agarrarnos, nos desconcertamos, nos aterramos, nos asombramos, nos sentimos tan inseguros que no sabemos siquiera si resistiremos. Sufrimos cuando la tierra que nos sujeta se mueve debajo de nosotros. Y, de la misma manera, cuando la familia que tenemos se tambalea por los movimientos intempestivos de unos hijos que nos cuestionan, que combaten nuestros principios y valores, o que quizá se equivocan sin remedio, también sufrimos.

El camino sigue

A pesar de los movimientos de placas, los terremotos y alguna erupción más o menos furiosa, el camino sigue. La trayectoria junto a tus hijos durará todavía unos años, hasta que encuentren un techo que cobije una nevera que deban llenar ellos mismos.

En el libro *Educar sin gritos* utilicé la metáfora del camino para explicar el papel de los padres. Nuestro trabajo, decía entonces, es andar junto a los hijos de tal modo que más adelante puedan elegir sus propias rutas, hacer camino por su cuenta con paso firme y la cabeza derecha, prescindiendo ya de nuestro apoyo.

La educación de los hijos es una jornada muy larga que comienza en el amanecer de sus vidas de bebé y se prolonga hasta su independencia. En esta jornada de camino hay un momento, después de doce o trece años de andar juntos, que anochece, que el cielo se oscurece. En este momento de poca luz, padres y madres no siempre vemos claro hacia dónde hay que seguir caminando. La niñez termina y comienza un tiempo incierto. Los hijos quieren hacer suya la noche que se avecina, adentrarse sin darnos la mano, y eso nos asusta, porque no conocemos los peligros y porque se trata de una noche diferente a aquella por la que transitábamos nosotros a su edad.

Mientras eran pequeños, enseñábamos a los hijos a abrocharse bien el calzado, a superar obstáculos, a relacionarse con otros caminantes. Ahora es el momento de enseñarles a orientarse siguiendo las pistas del camino, a interpretar —para no perderse— la posición de las estrellas sin perder de vista la que indica el norte y a saber animarse cuando decaigan las fuerzas.

Como padres, haremos bien en confiar en que, con las habilidades que hasta ahora han aprendido y las que todavía aprenderán a nuestro lado, podrán caminar tranquilos hacia donde se propongan; con la seguridad de saber que, si silban, ahí estaremos.

La vida que harán los hijos cuando sean mayores quizá diferirá radicalmente de la que habríamos elegido para nosotros, pero si es una vida elegida y les llena, los padres podremos considerar que hemos hecho bien nuestro trabajo (y que nos han ayudado el azar y las circunstancias). Podremos estar contentos si nuestros hijos son felices con la vida que hagan, y para ello será necesario que hayan aprendido a tomar decisiones y a llevarlas a cabo. También será necesario que sepan valorar más lo que tienen que lo que les falta, de modo que encuentren la felicidad en sus circunstancias. Esta es, pues, nuestra función: acompañarles de tal modo que aprendan a decidir bien, a esforzarse por hacer realidad sus proyectos y a valorar lo bueno que les rodea.

Como estas son las habilidades que debemos hacer crecer en nuestros hijos, una parte de las ideas de este libro son como abono para hacerlas florecer. El resto del libro es agua de riego para mantener fresca y saludable la relación con chicos y chicas.

Si quieres ampliar, como si se tratara de un *zoom*, la mirada sociológica sobre la problemática de la familia actual con adolescentes, te ofrezco a continuación una panorámica para entender por qué educar a adolescentes hoy es más difícil que nunca. La intención es que te ayude a comprender de dónde nacen las dificultades de los padres, ya que cuando sabemos cuáles son las causas de los problemas siempre podemos relativizarlos, al menos en parte. Si deseas ir directamente al grano, en el capítulo siguiente empezamos a hablar de los casos concretos que ocurren en las familias y de cómo hacerles frente de una manera educativa y serena.

Una mirada sociológica: ¿por qué educar hoy es más difícil que nunca?

«Los jóvenes de hoy son unos tiranos. Contradicen a sus padres, devoran su comida y faltan el respeto a sus maestros». Muchos padres contemporáneos lo suscribirían, pero la frase se atribuye a Sócrates, quien la pronunció hace veinticinco siglos. Así pues, las tensiones y contradicciones generacionales ya las han vivido generaciones muy anteriores a la nuestra. Sin embargo, estoy convencida de que educar a adolescentes hoy es más difícil que nunca. ¿Qué razones explican esta dificultad?

En primer lugar, la velocidad del cambio. Los cambios entre generaciones nunca habían sido tan rápidos. La rapidez del cambio tecnológico —y, de rebote, del cambio social— se está acelerando exponencialmente desde hace varias décadas, y cada nueva generación, hasta ahora, se encuentra a mayor distancia respecto a la anterior si comparamos con la distancia entre las dos generaciones que la precedieron. Es decir: entre nuestros hijos y nosotros ha habido más cambios tecnológicos y sociales que los que hubo entre nuestros padres y nuestros abuelos.

Los cambios son a menudo deseables y conducen a situaciones mejores. Y, sin embargo, pueden suponer sacudidas que hagan necesario un período de adaptación hasta que las nuevas dinámicas no se hayan aprendido a vivir con normalidad y se hayan corregido los desajustes. Por ejemplo, el uso de los móviles por parte de los adolescentes implica, en la sociedad contemporánea, un gran quebradero de cabeza para familias y centros educativos. Nos encontramos en un momento de cambio en el que la adaptación todavía no se ha producido y los desajustes están a la orden del día y complican la vida cotidiana. Se trata de un cambio tecnológico —y, de rebote, social— que aún se está por integrar y que, mientras no encuentre buenas vías de gestión, genera conflictos.

Veamos a vista de pájaro algunos de los cambios que suponen una fuerte sacudida y que dificultan, hoy, la educación de los adolescentes.

Estos cambios son de tres tipos:

1. Cambios en los vínculos familiares.

2. Cambios tecnológicos que afectan a las relaciones y el ocio.

3. Cambios en los valores.

Cabe decir que muchos de ellos son cambios que se deben celebrar y consolidar. El hecho de que comporten dificultades en la relación padres-hijos no implica, en absoluto, que no sean cambios deseables, sino únicamente que requieren atención y que deben tenerse en cuenta si queremos entender el actual panorama familiar en contraste con el de hace unas pocas décadas.

1) Cambios en los vínculos familiares

Hay cuatro tipos de cambios en los vínculos que definen la nueva forma de relacionarse de las familias en nuestra latitud:

a. Cambios en la consideración de los menores.
b. Transformación de los roles en la familia.
c. Flexibilidad de los vínculos.
d. Cambios en el papel de la autoridad.

Vamos a verlos brevemente uno por uno:

a) Cambios en la consideración de los menores

Los menores de edad tenían una consideración muy diferente en la época de nuestros abuelos. En tanto que personas dependientes y menores, se esperaba una obediencia casi incondicional y se consideraba que no serían sujetos de pleno derecho dentro de la familia hasta que pasaran a la mayoría de edad legal (veintiún años, más adelante dieciocho), o bien hasta que se ganaran la vida por su cuenta. «Los niños, a callar hasta que las gallinas meen», decía su madre a mi abuela (se ve que las gallinas no tienen esa costumbre...). Sin voz ni derechos, niños y niñas tenían una consideración en las antípodas de la que disfrutan hoy. En nuestro tiempo, los menores son tenidos por sujetos de pleno derecho y, a veces, incluso sus preferencias o deseos rigen las decisiones que afectan al resto de la familia. El cambio en la consideración de los niños y de los jóvenes, que comenzó en la década de 1970, es una de las diferencias más notables respecto a las generaciones anteriores.

b) Transformación de los roles en la familia

Cada vez más, las responsabilidades se distribuyen con independencia de los géneros y de las posiciones generacionales, y en ocasiones no se atribuyen claramente a ningún miembro en concreto. Esta dilución, que puede ser funcional si los miembros de la familia se sienten corresponsables, genera a veces confusión y conflictos. Dicho de otro modo: cuando el padre trabajaba fuera de casa y la madre cuidaba de abuelos y niños, y mientras los hijos ayudaban a uno y otra sin discusión posible, cada uno tenía un rol definido que implicaba menos conflictos de reparto (aunque a la vez implicaba violencia estructural y sexismo).

c) Flexibilidad de los vínculos

Algunos vínculos, como el de la pareja, son ahora más frágiles, y se configuran basándose en los afectos y en la búsqueda del bienestar personal. Ahora las familias pueden reconfigurarse, a veces más de una vez, y los educadores ya no son solo los padres biológicos. El fenómeno de la separación-reconfiguración puede suponer, hasta su integración, dificultades de relación entre jóvenes y adultos.

d) Cambios en el papel de la autoridad

Otro elemento de cambio en las relaciones familiares es el papel de la autoridad. Ejercida tradicionalmente por el padre, a menudo gracias al mecanismo del miedo, está hoy en plena transformación hacia formas más democráticas. Si la autoridad no encuentra una expresión acorde con la nueva sensibilidad, será un motivo de desestabilización de las relaciones entre padres e hijos.

2) Cambios tecnológicos que afectan a las relaciones y al ocio

Desde que se ha extendido la comunicación a través de las redes, se han producido varios cambios que afectan a las relaciones familiares y la educación en el marco de la familia. Los tres más importantes son los siguientes (no entramos aquí en valoraciones sobre sus consecuencias positivas o negativas, que haremos en el momento adecuado, más adelante, al hablar de la relación entre jóvenes y tecnología):

a. En primer lugar, *la posibilidad de conectarnos constantemente* con cualquier otra persona. En el caso de los adolescentes, sus amigos se llevan la palma. Pueden estar conectados en todo lugar y momento, compartiendo información en tiempo real, excepto en el caso —terriblemente difícil de soportar para muchos chicos y chicas— que dondequiera que estén no haya cobertura de internet.

b. En segundo lugar, *la posibilidad de exponer totalmente nuestra privacidad* y un cambio en su valor, puesto que la intimidad está perdiendo la consideración de «privada» por publicarse o publicitarse cada vez más. Si así lo queremos, amigos, conocidos y desconocidos sabrán lo que hacemos en cada momento, qué comemos en cada comida y qué pensamos de cualquier cosa. Y también podemos falsearlo, generando una imagen distorsionada de nosotros, así como la que percibimos de los demás también puede estar distorsionada.

c. En tercer lugar, existe por parte de los chicos y chicas *un acceso universal a los contenidos.* Estos contenidos son a menudo propios del mundo adulto y, sin embargo, hoy muchos adolescentes tienen acceso a ellos sin filtros. Los jóvenes, y a edades muy tempranas, pueden consultar cualquier información o imagen no destinada a su edad (piensa en la pornografía, la violencia gratuita, las transgresiones de todo tipo).

Otros cambios que afectan profundamente a las familias y a la forma de educar, también fruto de la introducción de la tecnología en los hogares y en los bolsillos de los jóvenes, son:

- La preferencia por compartir el ocio a través de los videojuegos frente a la interacción analógica. Muchos videojuegos se juegan con otras personas, pero a distancia, con lo que no implican poner en juego muchas habilidades sociales.
- La obtención de reconocimiento a través de las redes sociales gracias a la imagen proyectada (que puede ser real o engañosa).
- El anonimato de algunas interacciones y la protección que confiere la distancia (de resultas tenemos el *bullying* u otras violencias a través de las redes o chats de los videojuegos).

- La posibilidad de formarse en cualquier habilidad gracias al acceso a vídeos didácticos.

Más adelante, en un capítulo específico, hablaremos de la relación con la tecnología con mayor detalle e iremos en busca de soluciones educativas frente al abuso.

3) Cambios en los valores

Cada sociedad y cada época tiene un conjunto de valores ampliamente compartidos que facilitan la vida en común. Nos encontramos en un momento de cambios muy rápidos en algunos de estos valores y esto conlleva ciertas dificultades a las familias. Todos los cambios importantes tienen relación entre ellos, y todos tienen su origen en la amplificación del capitalismo en todos los ámbitos. Veámoslos brevemente:

a) Tener es ser

En primer lugar, debemos ser conscientes de que la lógica del mercado lo impregna prácticamente todo. Nuestros hijos son vistos por los poderes económicos como consumidores potenciales y por eso son objeto de campañas de todo tipo para atraerlos hacia determinados consumos.

El mercado, a través de influencias diversas, procura el incremento de beneficios haciendo de los adolescentes unos consumidores insatisfechos que van en busca de la felicidad a través de lo que pueden consumir y no a través de lo que pueden llegar a ser.

Ya sabemos que la publicidad se basa en la emoción para decantar la decisión del consumidor. Los adolescentes, que tienen sus emociones a flor de piel y una capacidad de racionalización todavía relativamente inmadura, son una presa fácil para los estímulos publicitarios. Y la publicidad a menudo se apoya en valores disfuncionales para las familias. Es decir, en valores que, en vez de ayudar, entorpecen la acción educativa de los padres. La publicidad y los referentes de los hijos (*streamers, influencers*) a veces promueven valores que complican el trabajo de educar.[4]

b) Manipulación a través de los referentes

Los referentes de los adolescentes de la primera mitad del siglo XXI son, además de deportistas y figuras del mundo del espectáculo, los famosos *streamers*, que retransmiten sus actividades o vidas a través de las redes sociales. Cuentan con el apoyo de grandes empresas que les pagan por promover determinados productos. Esta promoción muchas veces no es evidente —incluso se oculta—, pero es muy efectiva, porque estos *streamers* son los ídolos de chicos y chicas. Lo que ellos dicen y hacen influye en lo que los hijos quieren ser, mucho más de lo que creen las familias.

Como sabemos bien, los *streamers* famosos se convierten en referentes de primera línea y generan tantos seguidores no por el mérito que tiene lo que hacen, ni por su aportación al conjunto de la humanidad, sino por los tres factores siguientes:

- Su capacidad de proyectar, de reflejar, lo que los chicos y las chicas querrían ser o tener.
- La adicción que genera «seguir» la vida que nos explica alguien (su relato constante genera un vínculo, puesto que

---

4. Por ejemplo, el anuncio de un embutido en el que unas niñas recibían una instrucción de sus padres: no se toca la comida hasta que todo el mundo está en la mesa. Ellas obedecían y, precisamente por eso, eran retratadas como unas tontas repelentes comparadas con sus primos transgresores, que no hacían ningún caso de la advertencia y se comían todo el salchichón del plato antes de que los adultos se sentaran a comer.

es fácil sentirse próximo a alguien de quien se conocen las intimidades).
- La popularidad que tienen y el dinero que ganan; es decir, el reconocimiento social que obtienen.

En este sentido, es necesario hacer un llamamiento a la responsabilidad de quienes proyectan ideas al público. Hay muchos padres que querrían educar en la cultura del esfuerzo, transmitir el mensaje de que en la vida hay que arremangarse y esforzarse para hacer realidad los proyectos, y que hay que hacerlo aunque no siempre nos apetezca, en pro de un objetivo. Estos padres lo tienen difícil cuando sus jóvenes hijos ven cómo los referentes populares tienen vidas regaladas solo por la proyección que tienen en los medios. Asimismo, hay padres y madres que querrían educar en la cultura de la colaboración, la fraternidad o la solidaridad, y lo tienen crudo cuando sus hijos son llamados, a través de la publicidad, a ser «únicos» y a hacer exclusivamente lo que quieran en cada momento. Por no hablar de las dificultades de los padres que desean fomentar el diálogo y la tolerancia, y deben convivir y educar en una sociedad donde, día sí y día también, las noticias ofrecen el espectáculo del partidismo intransigente en los parlamentos.

c) Las decisiones educativas no vienen dadas

En las épocas en las que ha habido más consenso social sobre los valores, la tarea educativa de los padres y madres era más fácil. Por poner un ejemplo sencillo— y que ahora nos puede hacer gracia—, en la década de 1940 se consideraba que los niños debían ir siempre con pantalones cortos, en verano y en invierno, y que los pantalones largos no se debían llevar hasta los catorce años, más o menos.

Habiendo consenso, las familias, si lo quieren, pueden dar por resueltas determinadas decisiones: en la década de 1940 no debían decidir si ponían pantalones largos o cortos a su niño de siete años el día de Navidad: estaba cantado. Este ejemplo es anecdótico, pero sirve para decir que, en educación, el consenso social en determinadas cuestiones hace más sencillo el trabajo de los padres.

En nuestros días, los consensos que hasta ahora se sostenían han empezado a desaparecer (quizá para dar lugar a otros nuevos, pero que en cualquier caso todavía no están claros). En este momento de cambio en el que los consensos son muy escasos, los padres y las madres deben comprometerse más en las decisiones, que dependen más de su propio criterio. Nunca habían convivido tantas teorías, tantas líneas educativas, tantas propuestas referidas a la manera de educar. Esta diversidad —que es una señal de que todos nos preocupamos cada vez más por educar mejor— comporta también un fuerte desconcierto entre padres y madres, que se preguntan cuál es la mejor manera de hacer las cosas: si deben ser más tolerantes o más estrictos, más o menos respetuosos con las preferencias de sus hijos, y dónde se encuentran los puntos óptimos de equilibrio.

Todo ello —los cambios familiares, tecnológicos y de valores, y la falta de consensos— explica por qué educar a los adolescentes hoy es más difícil que nunca.

Y ahora, ¿qué?

Todo esto es muy importante y afecta al plan general de la vida de nuestros hijos. Ahora lo que conviene es bajar al terreno de la vida de cada día, concentrarnos en los conflictos cotidianos, los que hacen que la convivencia sea difícil, que nos enfademos más a menudo de lo que quisiéramos, que cuando hablemos acabemos discutiendo, que nos agotemos por tener que decir las cosas cien veces.

Todos los días, en mi consulta, los padres y las madres de adolescentes se lamentan con frases como «Ya no puedo más», «Esto es desesperante», «No sé qué más hacer», «No me apetece volver a casa después del trabajo», «No tenemos un solo día de paz», «No lo aguanto» o «¿Qué he hecho yo para merecer esto?». El tono es amargo y la expresión de la cara refleja el desgaste y la preocupación.

La preocupación suele deberse a dos factores principales:

1. La convivencia es desagradable.
2. La actitud del hijo hace sufrir a los padres porque piensan que le perjudicará en la vida.

Estos dos factores a menudo se combinan y refuerzan entre sí y comportan choques de mayor o menor envergadura, conflictos que comienzan siendo puntuales y que en muchos casos se hacen cada vez más frecuentes, hasta que se convierten en habituales. Cuando esto ocurre, los padres se cansan y se desgastan cada vez más; el pez se muerde la cola: las discrepancias generan cansancio y el cansancio acumulado hace vivir las discrepancias como si fueran más agudas, y esta vivencia incrementa el cansancio.

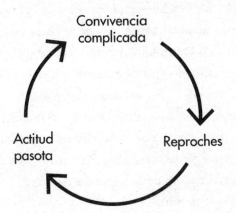

Con todo esto, la sensación de no estar bien juntos crece irremediablemente y resulta necesario buscar ayuda para cambiar el tono de la relación.

Si la relación entre padres e hijos en la adolescencia es tan desconcertante y problemática es porque se amplía la tipología de los conflictos, aumenta su frecuencia y, sobre todo, crece la resistencia de los chicos y las chicas a dejar que los padres impongan su solución. ¿Hasta cuándo?

¿Cuándo se termina esto?

La adolescencia es una transición, y los cambios que comporta son sacudidas que a menudo provocan un buen mareo a los chicos y chicas que las protagonizan y a los padres que viven sus consecuencias. «Todo esto va a ocurrir», dicen los padres experimentados que ya saben de qué va el tema. «Llega un momento en que todo esto termina», nos cuentan nuestros propios padres. Y, ciertamente, la experiencia en nuestra piel puede ser un elemento tranquilizador: si pensamos con calma, nos damos cuenta de que el adulto que somos hoy es bastante más razonable, prudente y cuerdo que el adolescente que fuimos hace un par o tres décadas. Pero, mientras tanto, mientras todo esto no ocurre, mientras todavía no termina y debemos soportar de nuestros hijos según qué actitudes, gestionar según qué demandas y aguantar según qué puestos... la cosa se alarga mucho.

Goethe decía que la juventud es una enfermedad que se cura rápidamente, pero pienso que la rapidez es muy relativa. Porque hay una pregunta que me hacen muchas veces y que delata cuánto cuesta pasar el tiempo de la adolescencia:

—¿Cuándo se termina esto?

Me lo preguntan siempre los padres en las conferencias. Se encuentran cansados de discutir, de insistir y de resistir. Mi respuesta a la pregunta, que siempre me hacen en un tono entre la desesperación y la resignación, es una mezcla de broma y seriedad: «Se termina cuando se marchan de casa».

Y es que, realmente, uno se hace mayor del todo cuando depende de sí mismo. Y esto suele ocurrir cuando no tiene a nadie que le saque las castañas del fuego y cuando hay una nevera que debe llenar con sus propios recursos. Los estudiantes que se van lejos de casa para ir a la universidad, o los jóvenes que se enzarzan en aventuras de vivienda colectiva o pisos compartidos, asumen responsabilidades sobre el lugar donde están y sobre ellos mismos que no tienen que asumir los chicos y chicas que siguen conviviendo con los padres. Y, además, la familia se libera de las discusiones fruto de la convivencia.

Sin embargo, también hay chicos y chicas que, pese a seguir conviviendo con los padres, transforman su actitud y se muestran más colaborativos, respetuosos y constructivos. Generalmente tiene que ver con ello una experiencia personal de separación (pasar un tiempo fuera, la desaparición de algún miembro de la familia...). También puede que el cambio responda a la madurez, que el adolescente adopte una nueva perspectiva moral (lo que puede ser inducido o espontáneo, fruto de un conjunto de experiencias de crecimiento personal).

En cualquier caso, mientras la independencia o el cambio de actitud no llega, será necesario seguir gestionando la dependencia. Para ayudarte a hacerlo de la mejor manera posible, comparto contigo las herramientas de este libro, que considero las más valiosas para ser más felices juntos. Porque, al fin y al cabo, se trata sencillamente de eso: de compartir la vida con tranquilidad y alegría mientras acompañamos a los hijos hasta que vuelen solos. Joan

Manuel Serrat habla de lo inevitable en la canción «Esos locos bajitos»:

> Nada ni nadie puede impedir que sufran,
> que las agujas avancen en el reloj,
> que decidan por ellos, que se equivoquen,
> que crezcan y que un día
> nos digan adiós…

Mientras esto no ocurra, intentemos vivir tranquilos y educar, el poco tiempo que nos queda, de una manera serena y feliz.
¿Vamos allá?

PARTE I
EL PANORAMA ADOLESCENTE: CONFLICTOS Y RIESGOS

CAPÍTULO 1

VIVIR JUNTOS EN LA MISMA CASA: LA CONVIVENCIA CONFLICTIVA

Conflictos día sí y día también

—¡Haz el favor de ordenar esto de una vez, te lo llevo diciendo todo el día y todavía está igual!

—Que sí, pesada, que ya te he oído, todo el día dices lo mismo, ¿no tienes otra cosa en qué pensar?

El conflicto doméstico es el pan de cada día con los adolescentes. Muchos padres y madres que lean este libro lo harán cansados de tener choques constantes con jovencitos que discuten si deben ordenar o no, que les da pereza colaborar en las tareas de la casa y que hacen bandera del caos y la confusión.

¿Por qué no nos hacen caso?

Esta pregunta está en negrita porque es el meollo de la cuestión: muy a menudo los conflictos con los hijos adolescentes se deben a la cantidad de veces que les decimos las cosas… sin que nos hagan caso:

—Ve a tirar la basura…

—Ordena.

—Haz los deberes.

—¡Deja el teléfono!

Cansa muchísimo repetirlo cincuenta veces, así que merece la pena pensar por qué pasa y cómo evitarlo.

Ya hemos dicho dónde radica uno de los motores del conflicto en los jóvenes que viven con sus padres: en la necesidad de afirmarse como personas «mayores» que quieren y piensan que pueden tomar las decisiones sobre su forma de ser y de hacer, pero que no se encuentran en condiciones de decidirlo todo dadas sus circunstancias. Y es que sus espacios, su tiempo y sus recursos dependen de los criterios y de las posibilidades de sus padres, lo que les impide ir a lo suyo y les obliga a tener en cuenta las condiciones y preferencias de la familia. Este encontronazo entre el anhelo y la realidad —la aspiración de libertad completa y la constatación de la dependencia— sitúa al adolescente en una posición incómoda porque choca con los límites que la familia impone —y que debe imponer— y que él pretende derribar.

A menudo, los adolescentes tienen la sensación de que los padres quieren prolongar las normas de la infancia cuando ya se han hecho mayores. El adolescente siente que ha cambiado: ha cambiado su cuerpo y ha cambiado su entorno social —los amigos, los ambientes, especialmente con el paso a Secundaria (comenzar a los doce años avanza la adolescencia, porque pasan a convivir antes con chicos y chicas mayores)— y, en cambio, su ámbito más inmediato, la familia, no ha cambiado en la misma medida que él. En otras palabras: en su experiencia, hay un nuevo chico o chica con unas nuevas circunstancias sociales, pero ahí está todavía la vieja familia, la familia del niño que fue y que ya no es. Esta disonancia —«todo ha cambiado, incluso yo soy otro, excepto el hecho de que en casa sigo siendo el niño de mis padres, que me tratan como si nada hubiera pasado»— es una de las razones del malestar del adolescente en la familia. El adolescente se subleva contra el hecho de que (según su percepción) los padres no se adecúan a su nueva madurez, y se resiente de lo que él siente como un exceso de órdenes y de control, que le recuerda su condición de hijo dependiente.

Una de las principales características de la relación entre los padres y los hijos mientras estos son pequeños es que los padres dirigen la vida de los niños. Son los padres, como no podría ser de otra manera, quienes deciden qué hacer, cuándo y cómo. Lo hacen, por supuesto, en función de sus propios valores, con sus propios criterios educativos y teniendo en cuenta las necesidades del niño y el conjunto de la familia. Cuando el niño crece y se siente capaz de tomar decisiones, el hecho de que los padres pretendan seguir haciéndolo por él es un motivo de tensiones y de encontronazos.

A pesar de querer evitar este malestar, para los padres es muy difícil, por no decir imposible, renunciar a seguir imprimiendo cierta dirección en la vida del hijo —porque, como hemos dicho, no quieren arriesgarse a dejarle tomar decisiones que le perjudicarán en la vida—. Tampoco les es posible dejarle tomar todas las decisiones relativas a la vida práctica cotidiana, porque piensan que sería caótica. La convivencia en casa, un entorno en el que el control es fácil porque el comportamiento de los hijos está a la vista de los adultos, proporciona múltiples ocasiones para esta tensión.

Los padres presionan para que las cosas sean de una determinada manera, y los hijos se posicionan a la contra para poder sentir que las decisiones las toman ellos mismos. Esta es una de las explicaciones sobre por qué no hacen caso de lo que se les dice, por qué no se comportan «como tocaría» —«tan fácil como sería», a juicio de los padres—. Este fenómeno se da en cosas tan sencillas como el uso del tiempo libre, la forma de vestirse o el estado de la habitación. Los padres tendemos a decir cómo deben hacer las cosas y también tendemos a elegir en qué momento es necesario que las hagan; los chicos y las chicas generalmente se vuelven de espaldas, por la sencilla razón de que no les gusta nada —y cada vez menos a medida que crecen— que les demos órdenes que les hacen sentirse dominados y pequeños, que van contra la sensación que tienen de ser mayores y capaces de hacerlo todo a su manera; es decir, contra la necesidad de afirmarse.

Otra de las razones que explica la tendencia de los adolescentes a obedecer poco es que su cerebro sufre una transformación: se deshace de ciertas conexiones neuronales para establecer otras nuevas, y esa «poda» puede afectarles la memoria y la capacidad de organización. Esto explica que a veces sea cierto, por muy increíble que pueda parecer a los adultos, cuando dicen que no se han acordado de pasar a buscar a su hermano, que no han pensado en preparar la cena o que se han olvidado completamente de sacar la ropa de la lavadora.

Por una u otra razón, ocurre a menudo que los padres insistimos e insistimos en lo que hay que hacer y los chicos y las chicas tardan y tardan en hacerlo, si es que no se desentienden del todo. Esto lleva a un toma y daca en que el adulto insiste y el joven resiste, hasta que al final la cosa suele acabar en gritos y mucho ruido. Pocos padres y madres, a menos que sean maestros zen de la meditación, son capaces de repetir algo cincuenta veces sin acabar subiéndose por las paredes, levantando la voz y viviendo la situación con un malestar agudo.

La solución: mandar menos

Para evitar el conflicto que se genera cuando los adultos damos órdenes y los chicos y chicas hacen caso omiso, lo que podemos hacer es... mandar menos. Sin embargo, esto no puede comportar que lo que debe hacerse no se haga; que queramos darles menos órdenes no debe significar que los chicos y chicas puedan hacer y deshacer tanto como quieran.

Me explico:

Lo interesante, lo que nos puede ayudar a cansarnos menos y evitar tener que repetir siempre lo mismo —y lo que puede ser más educativo— es aprender a utilizar una serie de estrategias destinadas a conseguir que lo que hay que hacer se haga... diciéndolo menos veces, dando las instrucciones de una manera menos insistente, menos cansada y también más efectiva. Son estrategias que nos irán muy bien para:

- Evitar que el adolescente tenga la sensación de que constantemente queremos mandar y de que tomamos decisiones que querría tomar él.
- Responsabilizarle de lo que hace y de lo que deja de hacer y así educarle para una libertad responsable.
- Ayudarle a afrontar tareas que le repelen (a lo largo de la vida se encontrará muchas veces con ellas).
- Enseñarle a organizarse mejor.

Las estrategias para evitar el conflicto dando menos órdenes las encontrarás en la segunda parte del libro, destinada a recoger todas las fórmulas prácticas para convivir con más armonía y tranquilidad. Podrás leer diferentes modos de conseguir que las cosas se hagan de una determinada manera sin tener que dar órdenes por sistema, técnicas que te ayudarán a convivir de forma más armónica con los jóvenes sin tener que decirles constantemente lo que deben hacer y cómo deben hacerlo.

Sin embargo, puesto que ahora hablamos de la convivencia en casa, merece la pena hacer un apunte sobre un jardín que a menudo florece en las casas con adolescentes: el jardín del desorden. Un motivo de conflicto que a menudo me consultan los padres tiene que ver precisamente con esto: la desidia a la hora de poner las cosas en su sitio, la desorganización y la dejadez. Por eso, por ser tan frecuentes y características de la convivencia con chicos y chicas, las discusiones por temas de orden-desorden merecen un apartado particular.

Conflictos a causa del desorden

Los conflictos relacionados con el desorden guardan relación directa con la aversión que los adolescentes sienten a obedecer las órdenes.

Fíjate que dar órdenes y desorden son lingüísticamente contrarios. Curiosamente, el orden en casa es lo que los padres promovemos, y lo hacemos todo ordenando a los hijos que ordenen las cosas… Y el desorden es lo que siembran los hijos, dejando las cosas por aquí y por allá «sin orden ni concierto».

No quieren ser el objeto de las órdenes de poner orden.

Antes hemos hecho énfasis en cómo los adolescentes entran en conflicto con las órdenes de los adultos. Ahora, a la hora de hablar del desorden físico y organizativo (de sus objetos personales, de su tiempo de estudio…), es necesario volver a tener presente el porqué de la resistencia juvenil. Hay dos motivos principales: por un lado, someterse al orden adulto implica dejarse llevar por la voluntad de los mayores, dejarse diseñar el espacio y el tiempo por unos adultos que quieren imponer al adolescente su forma de hacer y, con ella y en el fondo (según la percepción no consciente del adolescente), su forma de ser.

Otra causa de su desorganización y desorden es la falta de conciencia sobre la necesidad del orden. No tienen la experiencia de vida suficientemente larga para haber podido valorar las ventajas de tener las cosas en su sitio ni de organizar sus horarios y compromisos, y no creen que sea tan importante ser ordenado en ninguno de estos sentidos. Sencillamente, no perciben su importancia.

Cabe decir que hay chicos y chicas que sí valoran el orden y la organización —y que, por lo tanto, no se puede generalizar—, pero es muy habitual que los adolescentes dejen cosas por aquí y por allá, que olviden sus objetos personales, que tengan los espacios propios —y, por extensión, también los comunes— desordenados y que, en ocasiones, también tengan poca sensibilidad con la limpieza de los lugares. Esta falta de consideración hacia el espacio doméstico también tiene mucho que ver con su papel de usuarios del sitio que he mencionado hace varias páginas. Al no ser colaboradores activos del mantenimiento de la limpieza, no le dan valor.

El espacio paradigmático del desorden del adolescente es su habitación. Así que empezamos por aquí a reflexionar qué significa, qué implica para los padres y cómo hacerle frente.

¿Por qué el desorden impera en su habitación?

La habitación desordenada es casi un símbolo de la adolescencia. El problema suele empezar pronto, entre los ocho y los trece años. Parece que pierdan la capacidad de tener las cosas en orden, aunque hayan aprendido a hacerlo de pequeños. De un día para otro, en su habitación hay una silla llena a rebosar de prendas que sobresalen por todos lados, no se puede acceder a la cama sin tropezar con dos pares de botas, hay cajas de cartón, carpetas y papeles para tirar esparcidos por todas partes y puedes encontrar envases y porquerías varias en lugares inverosímiles.

Casi todos los adolescentes presentan este síntoma de confusión interna, el desorden externo, y con frecuencia los padres lo viven como una falta de respeto, como una afrenta a la pulcritud que ellos valoran. La respuesta de los padres al desorden es a menudo vivida por el adolescente como un cuestionamiento de su persona, en especial de su libertad. El jovencito reivindica que, tratándose de su habitación, debería poder tenerla como le parezca, y los padres le dicen que la casa es de ellos y que hay que mantenerla según sus criterios. Ya tenemos un conflicto de poder por el que luchar. La habitación desordenada representa para el adolescente la libertad personal de vivir a su manera, y el orden que quieren imponer los padres representa la obligación de hacer —y ser— como a ellos les gustaría.

Es la lucha simbólica por el poder, ahora plasmada en una batalla que puede durar muchos años.

Para el adolescente, tener la habitación tal y como le gusta es una muestra de independencia: «Tengo que poder vivir en mi espacio a mi manera»; una afirmación de su individualidad: «Ya no soy vuestro niño, sino una persona diferente»; y una forma de resistencia a las normas de los padres: «Tengo derecho a tener mis cosas a mi manera y no a la tuya».

Y, ante esto, ¿qué debemos hacer? Dependerá de si queremos permitir que la habitación esté en estado salvaje o no. Permitir esto es una opción válida. Se trata de cerrar la puerta e ignorar qué ocurre al otro lado (en materia de orden y limpieza). Ahora bien, esta opción solo es válida en un caso: si somos capaces de conseguir una indiferencia total ante el desorden y la suciedad acumulados en la habitación en cuestión. Es una buena opción si —y solo si— conseguimos que el estado de la habitación del adolescente no nos altere. En caso de que no logremos sentir una indiferencia absoluta, profunda, auténtica, entonces hay que tener mucho cuidado: permitir el caos en la habitación del adolescente tendrá un coste. Este coste será nuestro desgaste emocional cuando nos esforcemos por aceptar algo que no nos gusta. Al hacer este esfuerzo, nos iremos presionando y acabaremos culpando al adolescente de nuestra insatisfacción.

Si el desorden y la suciedad no nos son del todo indiferentes, en lugar de hacer la vista gorda, e irnos tensionando paulatinamente, es mejor encontrar una buena manera de garantizar lo que nos importa: que haya un cierto orden también en la habitación de los hijos.

Esto requerirá un trabajo por nuestra parte, porque no será suficiente con repetir lo que queremos y por qué lo queremos (funcionará alguna vez, pero no por sistema). Será necesario un trabajo de supervisión. Hacerlo puede ser pesado, pero no es en vano, porque supervisar el aseo y la limpieza implica dar un «mensaje de largo alcance»: informa al hijo de que, mientras viva en casa de los padres, debe hacerlo en los términos de los padres. Y que será cuando deje de depender de ellos que podrá vivir tal y como le parezca. Hablo de un mensaje de largo alcance porque en la medida en que los chicos y chicas constatan que no dejamos pasar cuestiones de esta dimensión menor, entienden que tampoco les dejaremos descuidar cuestiones mayores.

Además de estos dos beneficios para los padres (por un lado, nos sentimos más tranquilos cuando hay orden y, por otro, enviamos un mensaje de largo alcance), supervisar el orden y la limpieza de la habitación de los adolescentes también tiene ventajas para ellos.

A veces los padres no queremos presionarlos para que limpien u ordenen la habitación porque pensamos que ya tienen suficiente trabajo (están ocupados con la escuela y las extraescolares). Pero lo que ocurre de verdad es que, cuando un chico o una chica no es capaz de encontrar lo que busca debido al desorden, esto incrementa la inquietud, el estrés. Además, el hecho de no presionarles para que mantengan un mínimo de orden implica no darles la oportunidad de aprender a organizarse el espacio, que es una habilidad muy útil a lo largo de la vida (en el trabajo o en su propia casa cuando sean adultos). En el caso de los chicos y chicas con problemas de concentración y que se distraen con facilidad, todavía es más necesario velar por que mantengan un cierto orden, ya que, si pierden el control de lo que hay a su alrededor, les cuesta más focalizarse.

Ahora bien, rara vez las cosas son blancas o negras, y también es verdad que para los adolescentes la habitación no es solo el lugar en el que duermen, sino que es también el lugar donde descansar de la presión del entorno. Si hacemos una intromisión demasiado intensa (en cuanto a entradas y salidas y a críticas, por justificadas que estén), lo sienten como una injerencia que les incomoda mucho. Por eso, permitir un cierto caos algunos días es una muestra de nuestra flexibilidad y de respeto a su necesidad (siempre que la situación no sea antihigiénica del todo). Tampoco es el fin del mundo si a veces la habitación está hecha un desastre.

Por lo tanto, como en el equilibrio está la virtud, será bueno encontrar la forma de garantizar un mínimo de limpieza y orden en la habitación del adolescente, dentro de un margen de flexibilidad. ¿Cuál puede ser la fórmula para conseguirlo?

La fórmula para mantener la habitación en unos límites tolerables

Obviamente, no sirve que hagamos nosotros el trabajo. Si lo hiciéramos, nuestra actitud servil consolidaría el «derecho al uso indebido» de los hijos, les daría a entender que pueden vivir como quieran a pesar de depender de sus padres y les permitiría actuar como aristócratas irresponsables.

Es necesario que quien utilice la habitación sea quien la mantenga limpia y ordenada. Los adultos solo deben realizar la supervisión. El sistema que os propongo para conseguirlo nació gracias a una mediación en mi consulta en la que un adolescente y sus padres llegaron a un acuerdo que les permitió resolver el problema del desorden y la insalubridad de la habitación del chico, de una vez y para siempre.

Este fue el acuerdo (lo cito textualmente tal y como lo redactamos en la hoja de acuerdos que firmaron padres e hijo): «Los padres revisaremos la habitación dos veces por semana. Avisaremos media hora antes de hacerlo. Si al hacer la revisión, la habitación está limpia y ordenada, esa tarde Miguel podrá salir».

Es simple y muy efectivo. Miguel sabe que tiene la obligación de tener la habitación impoluta si quiere salir. Los padres no entran en cualquier momento a realizar su control, sino solo dos veces por semana y siempre avisando media hora antes. En esa media hora, Miguel tiene tiempo de limpiar y ordenar. No pueden cogerle desprevenido. Y la otra cara de la moneda: los padres tampoco se disgustarán por encontrar la habitación en mal estado porque solo la examinarán dos veces por semana… y habiendo avisado con anticipación.

¿Y si él dice que está muy bien... y no lo está?

—¿Lo ves? Tengo la habitación limpia y ordenada.

—¿A eso le llamas limpia? ¡Hay polvo en las estanterías, bajo la cama se acumulan zapatos y porquerías varias y no has barrido el suelo!

—¡Es que nunca nada te parece bien! ¡Para mí hay de sobra!

Para garantizar un nivel de pulcritud que se ajuste a nuestros estándares, debemos ser muy claros al principio del pacto. Debemos tener en cuenta que a ojos de un adolescente los criterios de limpieza de los padres pueden ser incomprensibles. Por eso va bien dedicar un rato a hacer con ellos una limpieza inicial, que nos vean utilizar los trapos para el polvo, la escoba, la fregona... Y cómo ponemos las cosas en los cajones y los armarios.

Es bueno especificar qué cosas deben estar en qué lugares. Tratándose de hijos adolescentes, cuanto más claros y específicos seamos al principio, menos probable es que después —en el momento de las revisiones— se quejen y nos acusen de ser quisquillosos y maniáticos de un orden «obsesivo y sin sentido». Si hay determinados objetos que queremos que estén en un lugar específico, merece la pena hacer una pequeña lista en la que se diga el nombre del objeto y el lugar que le corresponde (por ejemplo: lápices en el portalápices, ropa interior en el cajón de arriba de la cómoda, libretas en el cajón de la mesa, chaquetas en el armario...). Ayuda mucho que tengan sitios donde ordenar ciertas cosas concretas que siempre bailan. Si, por ejemplo, tienen una bolsa de deporte, debe haber un rincón delimitado o una caja donde ponerla. Debe haber también una cesta para la ropa sucia dentro de su habitación (y una tapa para evitar que se esparza el hedor). Asimismo, va bien que haya algunas cajas sin tapa para poner objetos pequeños (la cartera, bolígrafos, auriculares...). Es importante que queden a la vista, no muy bien ordenadas ni tapadas, porque entonces no las utilizarán. Podemos llegar a tomar una foto de las cosas ordenadas y colgarla en la parte interior de la puerta para que el chico o la chica la pueda tener como referencia a la hora de ordenar, tomándola como modelo de cómo deberán quedar las cosas.

Todo esto les ayudará a organizarse, nos permitirá tener la habitación en orden en dos momentos de la semana (en cada una de las dos revisiones que haremos, con previo aviso) y evitará que el desorden se acumule demasiado. Una vez establecido este sistema, toca relajarnos. Habremos encontrado un interesante umbral entre la libertad y el respeto.

Cuando el desorden desborda la habitación

El desorden a menudo se esparce más allá de los límites del espacio personal de los chicos y chicas. Chaquetas en el sofá, platos y tazas en las mesas, carpetas sobre los fogones, calcetines en la alfombra... Por no hablar del lavabo, que cuando ellos han pasado por allí es un campo sembrado de toallas mojadas, restos de pasta de dientes, salpicaduras en los espejos y ropa sucia en el suelo.

El desbordamiento del desorden en los espacios comunes es una de las cosas que saca de quicio a algunas familias. Es un motivo de malestar que acaba siendo fuente de conflicto: los padres se cansan de repetir relacionando el respeto al orden general con el respeto a las personas que viven en casa. Mejor dicho: más que fuente de conflicto, acaba siendo fuente de desgaste. Generalmente, los padres se esfuerzan en reclamar que se mantenga un cierto orden y se enfadan cuando las cosas no están en su sitio, pero los adolescentes se limitan a oírles protestar, ponen disimuladamente los ojos en blanco… y se olvidan del tema. La prueba es que, por mucho que se les diga que las cosas deben ordenarse en el lugar donde tienen que estar, e incluso si se consigue que las ordenen después de repetírselo, al día siguiente las vuelven a dejar por cualquier parte, como si las insistencias del día anterior no hubieran existido.

Las soluciones

Queda claro, pues, que es bastante inútil insistir. El desorden connatural en el adolescente es más poderoso que las súplicas o las diatribas paternas. ¿Qué nos queda?

Imaginemos que Roberto ha dejado su mochila en el suelo en la entrada, el plato y la taza de la merienda en la mesita del sofá, el bote de crema de chocolate —y el cuchillo de untar— sobre el mármol de la cocina, las zapatillas en el recibidor y la chaqueta sobre la mesa del comedor.

Hay dos opciones:

1. Cogemos sus cosas y las metemos en una gran bolsa de basura. A continuación, metemos la bolsa dentro de su cama. De este modo, si necesita algo tendrá que ir a buscarlo bajo las sábanas y, si durante la tarde no ha necesitado nada, al acostarse la bolsa le molestará.

   Es verdad que lo más probable sea que la retire y, una vez en el suelo junto a la cama, le haga compañía a la hora de dormir. Pero este recurso ya nos habrá permitido a nosotros:

- Dejar de ver el desorden (y eso significa dejar de pensar en él).
- No tener que repetir que ponga las cosas en su sitio hasta perder la calma o hasta el agotamiento.

2. Nos relajamos hasta antes de cenar. En ese momento, todos los miembros de la familia presentes en casa aplicamos el método «los cinco minutos brillantes». El método, que es muy efectivo, consiste en lo siguiente: todos nos reunimos en un punto concreto de la casa. Programamos un temporizador de cocina o un móvil para que al cabo de cinco minutos suene una alarma. En el momento de poner en marcha el cronómetro, todos los miembros de la familia debemos ordenar el máximo de cosas posible, a toda velocidad. Cuando suene la alarma, debemos parar de ordenar de golpe. Este sistema es muy útil por varios motivos:

- Hace que los adolescentes sepan que el rato de ordenar solo durará cinco minutos, así que la idea de «vamos a poner orden» no se les eterniza ni les da pereza.
- Actuamos juntos, de modo que se sienten implicados en una acción conjunta que afecta a todos por igual.
- Nos ahorra tener que repetir a lo largo del día que pongan las cosas en orden, ya que sabemos que habrá un momento en que la casa quedará ordenada en un abrir y cerrar de ojos (estos cinco minutos se pueden poner en marcha en cualquier momento del día cuando veamos que el desorden comienza a expandirse más de la cuenta).
- Permite ver muy clara la diferencia del «paisaje» entre antes y después de ordenar. Si esperamos que haya suficiente desorden para poner en marcha «los cinco minutos brillantes», la diferencia entre antes y después será

muy evidente y, a base de constatarla varias veces, los adolescentes van aprendiendo a preferir el paisaje ordenado que el desordenado.

Y, finalmente, hay otro motivo que hace que valga la pena utilizar esta técnica, y tiene que ver con un aprendizaje que podemos adquirir los padres y que será útil para la convivencia: nos enseña a descansar de la tensión que nos provocan las cosas que no están en su lugar, puesto que sabemos que en un momento dado todo volverá rápidamente al orden. Este hecho es muy positivo porque, ya que no podemos conseguir que un adolescente desordenado se vuelva ordenado en poco tiempo, encontraremos la manera de convivir con tranquilidad a pesar de este problema.

En la segunda parte, dedicada a las estrategias para evitar, vivir y resolver los conflictos, encontrarás otras opciones para ahorrarte las tensiones provocadas por el desorden.

Las amistades peligrosas

Los cuatro capítulos siguientes hablan de cosas que preocupan a las familias de los adolescentes porque pueden alterar su comportamiento de forma peligrosa. Son el sexo mal entendido, los móviles y las redes sociales, las malas compañías y las drogas.

CAPÍTULO 2

EL SEXO MAL ENTENDIDO

La maduración del organismo dispone el cuerpo y el ánimo en las relaciones sexuales. En los últimos años, cada vez hay más adolescentes abiertos a tenerlas con personas de todos los sexos. También hay más adolescentes que cuestionan su identidad de género.

El sexo bien entendido en la adolescencia no es un problema si se toman precauciones ante las enfermedades de transmisión sexual y los embarazos no deseados. Pero, mal entendido, es un problema que puede causar infelicidad y problemas de por vida. Sexo mal entendido es el que no respeta el deseo o las necesidades de la pareja sexual, el que se practica por razones ajenas al propio deseo o que no tiene en cuenta lo que a uno mismo le apetece, sino que se somete a las preferencias de otro. Como padres, debemos hacer todo lo posible para evitar estas prácticas sexuales, y debemos hacerlo a través de la educación. Más adelante hablaré de cómo reflexionar con los hijos sobre este sexo mal entendido.

Luego está la relación entre el sexo y el cariño. Estos dos elementos a veces están vinculados y otras veces desvinculados. También en la adolescencia es así. Hay adolescentes que se enamoran y exploran el sexo a partir de la relación de cariño que establecen. Otros se lían sexualmente con personas por las que no sienten gran cosa o nada, buscando la experiencia sexual en sí misma.

La pornografía

Sea cual sea la motivación para tener vida sexual, todos los adolescentes tienen en la cabeza una idea de lo que puede hacerse, pero esta idea cada vez está más condicionada por la pornografía. De hecho, hoy en día la pornografía es la principal vía de educación sexual de los adolescentes; la inmensa mayoría la consume. Esto es así por tres razones: en primer lugar, porque el acceso desde internet es fácil y gratuito. En segundo lugar, por la falta de control de las plataformas que lo ofrecen, puesto que aunque se trata de un producto para adultos, solo controlan el acceso pidiendo que se confirme con un clic que el usuario es mayor de dieciocho años. Y en tercer lugar, porque permite acceder a información sobre el sexo de forma anónima.

Que los adolescentes sean educados en la sexualidad a través de la pornografía tiene implicaciones sustanciales. Veamos cuáles son estas implicaciones y, a continuación, qué podemos hacer como padres.

Implicaciones de la pornografía

1) Imagen distorsionada de la sexualidad

A menudo las mujeres aparecen como seres con los que se pueden tener relaciones sexuales sin consentimiento, a veces incluso de forma violenta. Existe el peligro de que los jóvenes asuman que esto es normal. También aparecen a menudo personas fingiendo placer ante determinadas prácticas, lo que puede hacer que los adolescentes entiendan que es de esperar que sean acciones generalmente agradables. En muchas ocasiones las relaciones sexuales con personas esporádicas se tienen sin profilaxis. En conjunto, la pornografía, aunque muy variada, acaba construyendo una imagen distorsionada de la sexualidad.

2) Disfunciones sexuales y cerebrales

Estudios recientes relacionan el consumo de pornografía con disfunciones sexuales a largo plazo, como la incapacidad de excitarse y de sentir orgasmos.

También se vincula ese consumo con la insatisfacción con la relación habitual. El motivo es que las escenas pornográficas son tan estimulantes que producen una secreción antinatural de altos niveles de dopamina, lo que puede deteriorar el sistema de satisfacción e inutilizarlo de cara a las fuentes de placer naturales. Las alteraciones en la transmisión de dopamina pueden facilitar la ansiedad y la depresión.

Como en el caso de un comportamiento adictivo cualquiera, los usuarios del porno necesitan estímulos cada vez más fuertes para sentirse satisfechos. Debido a la actividad de las neuronas espejo —que son las células cerebrales que se activan cuando hacemos algo, pero también cuando observamos a otras personas que lo hacen—, las áreas del cerebro que se activan mirando pornografía son las mismas que cuando se practica sexo, lo que hace que el sexo convencional interese cada vez menos a los consumidores de pornografía.

3) Sexting

Una tercera implicación de la pornografía en la adolescencia es el *sexting*. Es la difusión a través del móvil de fotografías y vídeos de contenido sexual donde el protagonista es el propio adolescente. Es un fenómeno en auge inspirado por el consumo de porno duro (consumo que realizan regularmente los menores de edad), donde las fotos y vídeos sexuales a menudo imitan el tipo de comportamiento que propone este género.

Hoy en día enviar y recibir imágenes del cuerpo es parte del flirteo. No existen cortafuegos o filtros capaces de bloquear de forma efectiva el envío y la recepción de este tipo de contenidos. De hecho, existen aplicaciones para practicar *sexting* diseñadas para aparentar que son calculadoras o navegadores y engañar de este modo a las familias, incapaces de detectar por qué medio se están compartiendo este tipo de imágenes.

¿Qué podemos hacer por la sexualidad de nuestros hijos?

1) Dar información

Muchos adolescentes buscan respuestas a sus dudas razonables sobre la mecánica sexual. Al encontrar estas respuestas de forma anónima en las webs pornográficas, ya no las buscan en otros entornos donde deberían dar la cara, aunque fuera ante un experto neutro, un profesional.

Si queremos que los hijos tengan información fiable procedente de fuentes que podamos controlar nosotros, dejemos a su alcance esta información antes de que recurran a la fuente de la pornografía.

Tanto si te sientes cómodo hablando de sexo con tus hijos como si no (sobre todo en este caso), envíales a visitar a algún profesional que les oriente. Una mujer, si son chicas. Un buen sexólogo, un buen psicólogo o un buen orientador. Elige a alguien de quien tengas buenas referencias o que hayas conocido previamente y haz que el adolescente lo visite. Puedes acompañarle si quieres, pero es importante que la visita se realice sin los padres. El profesional le dará información y le ayudará a reflexionar sobre cuestiones preventivas y también a saber dónde encontrar ayuda cuando le convenga.

La privacidad de esta consulta es importante porque los adolescentes pueden sentirse muy incómodos ante los padres al tratar cuestiones de sexo. Como padre o madre, confía en los profesionales. Esto hará que los jóvenes también puedan tener confianza en ellos y así será más probable que regresen para pedir ayuda si es necesario.

2) Enseñar a distinguir

Explicar qué es el sexo bien entendido y qué es el sexo nocivo. Puedes decir sencillamente que el sexo bien entendido es el que:

— Se practica por razones que tienen que ver con el cariño o el deseo y respeta tanto las necesidades de la otra persona como las propias. Es decir, no se somete a las preferencias del otro ni hace someter al otro a las propias preferencias sin tenerlo en cuenta.

Y el sexo nocivo es, por contraposición:

— El que no tiene en cuenta el deseo o las necesidades de los que participan en la actividad sexual.

3) Mostrar tranquilidad ante sus opciones sexuales si son de «sexo bien entendido»

Sean cuales sean las parejas que elijan, si son elegidas y las relaciones que mantienen son de las que hemos calificado de «sexo bien entendido», lo mejor que podemos hacer para que los hijos confíen en nosotros y poder ayudarles es mostrarnos respetuosos y tranquilos. Transmitir que nuestro interés es que ellos y sus compañeros sexuales sean felices y respetuosos con los demás y consigo mismos, y que aquí nos tienen para lo que necesiten.

4) Hablar de la pornografía

Es necesario restringir el acceso al porno tanto como podamos, con los instrumentos de control parental de las pantallas. Sin embargo, los adolescentes seguirán teniendo un acceso mucho más fácil que cualquier generación anterior, porque hay aparatos con conexión libre a internet en todas partes. Por lo tanto, más allá de restringirla, es muy importante educar a los hijos en relación con la pornografía.

Para que no la conviertan en su manual de instrucciones en sexualidad, deberemos cuestionarla, rebatirla. Y solo podemos hacerlo si hablamos de ella.

Al fin y al cabo, enseñamos a los hijos a comportarse en muchos ámbitos, pero muchas veces olvidamos precisamente este, que tanto puede afectar a sus relaciones afectivas. En la medida de lo posible, estaría bien asumir una responsabilidad educativa en este ámbito en vez de dejar la educación sexual en manos de una industria poderosa que busca el beneficio propio a base de crear necesidades.

Para hablar de pornografía podemos advertirles que lo que el porno muestra no es lo que esperan las parejas sexuales más allá del espectáculo. Diles que en la pornografía todo se exagera, se altera, que las capacidades de los protagonistas no son reales. Que fingen para ampliar los efectos y así aumentar la espectacularidad. Que todo lo que se muestra está pensado no para reflejar la realidad sino para conseguir más espectadores, y que los espectadores a veces quieren reproducir en la realidad lo que ven en las imágenes, cuando esto no tiene sentido porque las relaciones reales nos llevan por caminos más sencillos y naturales. Que lo que esperan las parejas sexuales de verdad está muy lejos de lo que propone la industria del porno, por lo que sus modelos no son los que deben cumplirse.

También hay que decirles que a menudo las relaciones que se ven allí no son éticas, porque no cuentan con el consentimiento de quien participa. Que muchísimas veces lo que se muestra en pornografía como agradable o satisfactorio a menudo no lo es en la vida real —sobre todo para las mujeres—. Y que a veces las personas no se atreven a mostrar preferencias distintas de las que la pornografía propone por miedo a parecer extrañas, por lo que es imprescindible que los hijos no presupongan ni emitan juicios previos sobre las preferencias del otro, sino que cada miembro de la relación sexual se pueda sentir libre (hay que estar plenamente abiertos y olvidar los modelos del espectáculo).

5) Generar confianza

El hecho de que los adolescentes no pidan ayuda a los adultos (cuando, por ejemplo, se sienten presionados para participar en un *sexting*) se debe a su temor a las críticas y a que su comportamiento no sea aceptado. La confianza, pues, debe construirse teniendo esto en cuenta. De la construcción de la confianza hablaremos en la segunda parte.

6) Educar la afectividad

Una buena manera de educar la afectividad desde pequeños es ser cariñosos con la pareja, mostrar proximidad emocional y corporal con el compañero o compañera, ya sea su padre o su madre o una nueva pareja.

Hablar de sexo informalmente en familia, de forma distendida y tranquila, también ayuda a trasladar ideas, valores y un sentir concreto sobre la sexualidad, así como una confianza que facilitará que los hijos hablen de ello si les conviene.

Tanto para la educación de la afectividad como para generar confianza es importante ser respetuosos con la diversidad sexual y de género. Tener claro que elegir el género en el que nos sentimos cómodos es un derecho y que es bueno que todo el mundo sea tratado según sus necesidades, según la identidad que decida tener, es la mejor manera de respetar, también, la libertad de nuestros hijos.

CAPÍTULO 3

EL MÓVIL Y LAS REDES SOCIALES

Es frecuente que los adolescentes tengan móvil para su uso personal. Esto no quiere decir que sea un móvil propio en el sentido estricto de la palabra, ya que quienes lo pagan son los padres y, por lo tanto, es de su propiedad. ¡Cuidado! Tener presente este matiz es muy importante porque nos permitirá hacer las cosas mejor desde el punto de vista de la educación del adolescente y también desde el punto de vista de la gestión del conflicto familiar.

Hablo del «conflicto familiar» porque en muchas familias el uso del móvil es conflictivo. Conlleva negociaciones, tira y aflojas o choques de diversa magnitud cuando los padres ven que los adolescentes pasan demasiado rato o hacen un mal uso de él.

De hecho, la relación entre el adolescente y sus padres da un cambio cualitativo en el momento en que el chico o la chica tiene un móvil en su poder. En nuestro país esto suele ocurrir entre los doce y los trece años, cuando pasan a Secundaria, pero cada vez es más frecuente que sea antes, incluso a los ocho o diez años, con lo que los problemas se adelantan. En ese momento muchas familias encuentran apropiado que el hijo esté localizable y que se pueda comunicar con sus amigos en cualquier momento sin el filtro de los adultos.

Y por eso, y sobre todo por su insistencia incansable («Todo el mundo tiene uno», «No pido nada más», «Haré lo que sea necesario»…), como un ritual de paso pero sin ritual, por su cumpleaños, o por Navidad o sencillamente coincidiendo con el inicio de la nueva etapa, con el cambio de centro… el (pre)adolescente pasa a hacer uso de un *smartphone* con conexión a internet.

A partir de ese momento, si los padres no toman unas cuantas precauciones, se desencadenan una serie de problemas que habrá que ir gestionando (son soluciones a menudo difíciles de materializar y que tensionan mucho). Como este libro tiene un objetivo sobre todo práctico, dar soluciones para mejorar la vida de las familias con adolescentes, después describiré cuáles son los problemas que muy probablemente se presentarán si no hemos tomado las precauciones pertinentes, y ofreceré ideas para solucionarlos.

Pero empecemos por lo primero. A continuación encontrarás una serie de ideas para entender qué significa para un adolescente tener móvil, qué implicaciones tiene. Son ideas útiles para comprender por qué lo usan como lo usan (o si abusan). Después, para las familias que todavía no han proporcionado un móvil a los hijos, ofrezco una serie de consejos que conviene tener muy en cuenta antes de hacerlo. Seguirlos ahorrará problemas a todos: a los hijos y a los padres, y saldrán beneficiados la tranquilidad de todos y el clima familiar.[5]

---

5. Estos consejos también son útiles para quien tenga algún hijo que de momento no disponga de móvil, aunque sus hermanos mayores sí lo tengan. Y es que no importa que las normas sobre el tema cambien de un hijo a otro; lo puedes explicar diciendo que al haber vivido la primera experiencia y haber leído más sobre la cuestión, ahora lo quieres hacer de otra manera y que estás en tu derecho de decidirlo así.

Las implicaciones de tener móvil

1) «Amigos para siempre» o amigos siempre

En la adolescencia, una de las cosas más importantes son las relaciones sociales y las relaciones personales con gente de la misma edad. Amigos, conocidos y saludados son uno de los primeros centros de interés, mientras que la familia queda en segundo plano. Los adolescentes son como pájaros que dan el salto del nido a la rama. Dan el saltito (sin todavía volar por su cuenta demasiado lejos, y regresando a dormir al nido familiar) y ya vuelcan todo su interés en lo que sucede más allá del nido, primero en las ramas cercanas y después en los árboles de los alrededores. Una vez han saltado a la rama, quedan de espaldas al nido y ya no piensan mucho en él. Centran los pensamientos y las intenciones en lo que tienen enfrente y se olvidan bastante de lo que tienen detrás (los padres, los hermanos pequeños, los temas domésticos…).

Los amigos pasan a ser muy importantes, las personas de confianza por excelencia. Están convencidos de que les comprenden mejor que nadie y que pueden salvarse mutuamente de las decepciones y los disgustos.

Esta hermandad que sienten hace que quieran estar permanentemente en contacto con ellos y que, debido a ello, prioricen tener el móvil antes que cualquier otra cosa. También existe otro factor que les hace difícil separarse del aparato:

2) El atractivo de los contenidos

Debemos tener en cuenta que los contenidos que encuentran a través del móvil son muy atractivos. Están pensados —y muy bien pensados— para enganchar, y funcionan de forma muy efectiva. Como sabemos, con el móvil es posible estar permanentemente atento a las interacciones en las redes sociales, jugar en cualquier momento y mantenerse en contacto constante con cualquier persona.

En las plataformas, en las redes, en las aplicaciones que utilizan los adolescentes, todos los diseños y mecanismos de funcionamiento —todos— tienen el objetivo de hacer que el consumidor pase allí el mayor rato posible. Cuanto más tiempo pasa allí, cuanto más contenidos consume, más negocio se genera.[6]

Por lo tanto, hay que ser consciente de que los adolescentes tendrán al alcance de la mano un aparato a través del cual acceder a diversas actividades que les absorberán la atención y el tiempo.

3) La omnipresencia del aparato

También hay que pensar que estos contenidos adictivos los acompañarán a todas partes adonde vayan (a todas partes adonde vayan con el móvil, se entiende): en el instituto, en los encuentros con los amigos, en las comidas familiares, en las actividades de todo tipo. Dado que a menudo estos entornos resultarán menos estimulantes que lo que pueden encontrar a través de la pantalla del móvil, solo su voluntad o nuestras restricciones podrán poner freno al uso indebido del móvil en cualquiera de estos contextos.

---

6. Este negocio puede ser en forma de publicidad directa (se insertan más anuncios y se pagan más caros allí donde los usuarios prestan más atención), de publicidad indirecta (*influencers* o *streamers* que promocionan productos, muchas veces discretamente), de cobro directo (los usuarios ingresan dinero en las cuentas de los generadores de contenido) o de cobro indirecto (las plataformas pagan a los generadores de contenido presentes en su escaparate en función de las visitas que reciben).

4) El frecuente mal uso

Cuando un adolescente hace un mal uso del móvil, la familia puede optar por corregirlo o dejar que siga haciéndolo. Cada una de estas dos opciones tiene un precio. Corregirlo, excepto si se trata de un adolescente fácil de convencer —algo poco frecuente cuando se trata de móviles—, comporta fricciones y a veces enfrentamientos que incluso pueden llegar a ser violentos. El precio de dejar que siga haciendo un mal uso del móvil es el malestar de los padres que, cuando se sienten impotentes y optan por mirar hacia otro lado, ven cómo el tiempo y la atención de los hijos se centran cada vez más en exclusiva en la pantalla.

¿Qué entendemos por «hacer un mal uso del móvil»?:

- Prestar más atención al móvil que a las personas con las que se mantiene una conversación.
- Dejar que el móvil interrumpa una conversación con la entrada de llamadas o mensajes.
- Utilizar el móvil para decir cosas que no diríamos sin la protección de la lejanía y el anonimato (en especial, críticas o insultos).
- Dejar que el uso del móvil absorba el tiempo necesario para otras actividades (como estudiar o dormir).
- Utilizar el móvil mientras hacemos otras cosas, de forma que el resultado final se resienta (como escuchar).

Visto así, debemos reconocer que, en ocasiones, los padres también hacemos mal uso del móvil. Por lo tanto, el primero de los consejos es dar buen ejemplo para poder reclamar una buena actitud.

Si el teléfono no incorporara la conexión a internet, seguro que no estaríamos hablando de esta problemática. Es la conexión, los juegos y las redes lo que lo hace tan goloso y lleva a su abuso. Por lo tanto, hablar del móvil es hablar también de las redes sociales. Es cierto que los adolescentes también pueden conectarse a través del ordenador y la tableta, pero existe una diferencia esencial: el móvil es de consulta inmediata y ubicua. El acceso es mucho más fácil y rápido, los tiene conectados permanentemente.

¿Cuáles son los problemas de las redes sociales para los adolescentes?

La autoimagen, la consideración de sí mismos

El adolescente se encuentra en proceso de construir la idea de sí mismo. Para construir esta idea mira a su alrededor y se sitúa respecto a lo que conoce. Es a partir del marco de referencia que puede autodefinirse. En otras palabras: «Quién soy», «Cómo soy», son preguntas que se responden siempre respecto a los demás. «Yo soy», en relación con el resto de las personas, más delgado, más gordo, más rico, más pobre, más listo, más tonto, más feliz o menos feliz que otro o que los demás.

En las redes sociales, las imágenes proyectadas suelen estar distorsionadas por la idea que las personas quieren dar de sí mismas. Se eligen momentos, situaciones y expresiones bien estudiadas que en conjunto van configurando una idea de quién se es, cuando, en realidad, está pulida por elecciones bien pensadas de lo que se quiere mostrar y lo que no.

Y cuando no están distorsionadas por la idea que las personas quieren dar, las imágenes proyectadas están distorsionadas por la falta de contexto, un contexto que el espectador imagina según lo que ve, pero que en realidad desconoce.

Esto hace que los adolescentes muchas veces piensen que las vidas que los demás muestran son más interesantes, más llenas de estímulos, más ricas en eventos. Que los demás son más hábiles, más ocurrentes, más atractivos.

Cuando realizan este tipo de atribuciones, a veces salen malparados. Poco a poco aumenta su sensación de que tienen vidas tristes, grises, aburridas o limitadas. Que no son tan buenos o tan interesantes como otros. Llegados a estas conclusiones, a veces se esfuerzan por imitar a quienes les gustan, otras veces tratan de proyectarse a sí mismos con una imagen tan atractiva que pueda servir de referencia, y otras veces sencillamente se enganchan —por curiosidad morbosa o por mecanismos del vínculo— a mirar y a «seguir» a personas con quienes tienen una relación superficial o incluso ninguna.

La insatisfacción personal

Las redes implican interacción. Este es uno de los hechos que ayuda a que sean más adictivas. Podemos aplaudir y celebrar a los demás, y los demás también nos aprueban y celebran a nosotros (a través de los *likes*). Una persona en edad de construir su autoimagen, de consolidar su autoestima, se alimenta en gran parte de su aprobación. Los adolescentes encuentran el reconocimiento a través de los *likes* y los comentarios en sus publicaciones, y ello conlleva que estén constantemente pendientes de eso. Para ellos es muy importante cuánta aprobación reciben y de quién procede. Esto hace que su humor —y, a la larga, su satisfacción personal— estén mediatizados por el éxito que tiene lo que publican (ya que lo que publican es lo mejor de sí mismos, su producto, su imagen en el mundo). Acumular aprobación se convierte en una gran motivación y pasan gran parte del tiempo proyectando lo que piensan que podría ser objeto de esta aprobación y después pendientes de la reacción que genera. Esto absorbe la atención y puede ser fuente de inquietud e insatisfacción.

La influencia ideológica

Teniendo en cuenta que los adolescentes tienen todavía poca información sobre cómo es el mundo, no han podido construir todavía sus propias ideas y dudan constantemente de sí mismos, no cuesta nada imaginar lo influenciables y manipulables que son para aquellos a quienes «siguen».

Los jóvenes influyentes de las redes, algunos tan populares que tienen más audiencia que muchos canales de televisión de alcance estatal —y que tienen mucho poder—, son personas con sus propios valores e ideas, por supuesto. Sus planteamientos éticos, económicos y sociales son a menudo conocidos por nuestros hijos. Y les influyen mucho, hasta el punto de que, si los adolescentes no tienen otros marcos de referencia, pueden acabar pensando como el *influencer* que admiran solo por el hecho de que a menudo las suyas son las únicas ideas que conocen. O las que mejor conocen.

Por ejemplo, algunos de esos jóvenes poderosos y populares, tan ricos que ganan millones de euros al año, hacen un discurso anti-impuestos muy interesado que está configurando el pensamiento de su joven audiencia (nuestros hijos). Defienden la audacia de ahorrar impuestos residiendo en paraísos fiscales, como Andorra.[7]

¿Por qué pagar tantos impuestos en su país si en el paraíso fiscal pagan menos y tienen de todo?, se preguntan. Sin tener en cuenta el valor de la redistribución, sin considerar que las clases

---

7. Esto ocurría hasta ahora con deportistas y otros famosos, pero la diferencia es que ahora los *streamers* lo dicen sin tapujos, lo defienden sin escrúpulos y tienen canales para difundir estas ideas.

trabajadoras no tendrían acceso a servicios esenciales de calidad sin un sistema fiscal justo y sin mencionar que el sistema de impuestos es progresivo y que quien paga porcentualmente más es porque gana más, estos *influencers* trasladan su punto de vista económico y social a unos adolescentes que, en muchos casos, no han tenido todavía la oportunidad de aprender nada sobre los impuestos, el reparto, los servicios públicos y la desigualdad. Por falta de un marco de referencia alternativo, adoptan el punto de vista del *influencer* famoso y lo hacen suyo.

El marco de referencia alternativo debería proporcionarlo la escuela, enseñando cómo funcionan las cosas en el mundo económico y social desde el punto de vista técnico, para que el chico o la chica pudiera construir su propio punto de vista sobre qué es la justicia social y cómo se logra. Pero el sistema educativo no siempre se ocupa de ellos y, con sus lagunas, los jóvenes acaban siendo adoctrinados por los *influencers*, que hacen un discurso interesado.[8]

Y el adoctrinamiento puede ser en cualquier sentido; también puede influirse hacia un pensamiento frontalmente opuesto. La

---

8. Como comentaba un día el periodista Juan Soto, detrás de ese discurso está el individualismo capitalista llevado al límite. Los *influencers* son jóvenes que se han hecho ricos muy pronto, que solo han conocido el éxito y que lo han conseguido solos, recluidos en su habitación y haciendo lo que les decían que no tenían que hacer: encerrarse a jugar a videojuegos. Sin ayuda de nadie, contra el mundo, contra la sociedad, se han hecho ricos y populares: son la mayor expresión del mito del hombre hecho a sí mismo. Su generación tiene un 50 % de paro y ellos piensan: «Qué me importa, a mí, la sociedad; si no fuera por mi talento, mi iniciativa, mi simpatía… trabajaría en una hamburguesería. ¿Y a esta sociedad tengo que pagarle impuestos?». Esto es lo que nuestros hijos pueden acabar pensando bajo su influencia. No tienen suficiente información ni suficiente formación para pensar que si sus amigos *influencers* pagaran lo que tienen que pagar, quizá ellos recibirían becas más generosas, o que las pensiones, los subsidios y los servicios se pagan con la contribución de todos y que las oportunidades están muy mal repartidas.

Obviamente, también hay que acabar con la corrupción, que muchas veces justifica los recelos a la hora de pagar, pero los *influencers* no levantan esta bandera de la lucha social por las cosas bien hechas, sino la bandera del individualismo a ultranza.

cuestión es que, a menudo, quien educa más no son las familias ni el profesorado: son los *influencers*, que por eso tienen ese nombre.

El gasto de tiempo

Son un montón de horas del día y de la noche las que los adolescentes dedican al móvil. Los datos que se publican hablan de cifras que aumentan cada año, las horas que pasan no paran de crecer y la cantidad de veces que consultan el aparato, tampoco (más de una vez cada diez minutos).

Gran parte del tiempo dedicado al móvil se debe a las redes sociales. Entre los beneficios que aporta la relación adolescente-redes no se encuentra el aprendizaje de actitudes, valores y contenidos útiles para tener una vida más profunda, plena y feliz, de tal modo que, cuanto más tiempo dedican a conectarse a las redes, menos pueden dedicar a los aprendizajes valiosos. También pueden invertir menos tiempo en las relaciones personales directas, que son las que conllevan negociaciones, adaptaciones, matices y una empatía que a veces implica esfuerzos y renuncias. Asimismo, disminuye el tiempo dedicado a formas de ocio como el deporte y la lectura. Y, muy especialmente, disminuye el tiempo de descanso nocturno.

Perder horas de sueño para utilizar el móvil, la tableta o el ordenador durante la noche se llama *vamping*, palabra compuesta de vampiro y *texting* (escribir mensajes). Muchos adolescentes no se duermen hasta altas horas de la madrugada debido a este hábito, lo que tiene consecuencias directas sobre la salud, porque se desregula la producción de melatonina y al día siguiente disminuye la capacidad de atención y aumenta el deseo de consumir calorías.

Además del tiempo gastado, también existe la inquietud generada por el fenómeno FOMO (*Fear of Missing Out*). Es lo que les ocurre a muchos adolescentes cuando no tienen cobertura: lo viven como un drama porque se pierden lo que ocurre en tiempo real en las redes sociales. Esto hace que, si tienen que ir, por ejemplo, de excursión y saben que no tendrán cobertura, prefieran quedarse en casa.

Entonces, y teniendo en cuenta que los padres tenemos a los adolescentes bajo nuestra responsabilidad, debemos hacer algo para que tengan un crecimiento equilibrado, donde «la realidad supere la ficción», es decir, donde su vida sea más real que virtual. Estaría bien que les ayudáramos a mantener una buena relación con la tecnología, que les sea útil para aprender, para distraerse y para relacionarse, pero que no les consuma el tiempo que podrían dedicar a otras cosas valiosas.

¿Cómo hacerlo?

Consejos para que el móvil no sea un problema

Esta es la madre del cordero. ¿De qué forma se puede regular el uso del móvil sin matar el bienestar familiar en el intento? Lo mejor es tomar desde el principio las precauciones a, b, c, d y e, que propongo a continuación. Ahorran muchos problemas que con el tiempo se van volviendo más difíciles de resolver.

Antes de las precauciones, una idea que conviene considerar es que, dado que por inmadurez los adolescentes tempranos pueden tener problemas graves, el móvil de los adolescentes de doce a dieciséis años no tenga conexión a internet. [9]

---

9. Digo que es una «idea a considerar» porque por el contexto sociocultural es muy difícil de sostener aunque pudiera ser beneficiosa. Y, sin embargo, sí que debería considerarse por parte de las familias que tengan un contexto en el que puedan permitírselo. Hay que tener en cuenta que el acoso se ha disparado de forma espectacular y que existen fenómenos como el *sexting* (envío de mensajes con contenido sexual) que no podremos controlar.

a) Explicarse

Cuando nos disponemos a dejarles un móvil, nos disponemos a realizar un acto de riesgo. Lo es para los hijos y para nosotros como responsables y como familia. Por lo tanto, pondremos restricciones para evitar riesgos. Por eso hay que explicarles a qué se exponen y así justificar las prevenciones que se realizarán.

Estaría bien decirles qué nos preocupa (que los absorba demasiado, que destinen tiempo y atención que habría que dedicar a otras cosas, que se enreden demasiado en las telarañas de las redes...). También estaría bien darles datos sobre adolescentes y adicción al móvil y decirles que todavía no podemos confiar en su capacidad de hacer un buen uso de él porque no han podido demostrarlo, por lo que de momento lo regularemos los adultos.

b) Mantenerse

Ahora bien, a pesar de dar explicaciones que justifiquen los límites que pondremos, cuando nos expliquemos y anunciemos condiciones y limitaciones, llegarán las protestas. No debemos tener miedo a su reacción. No debemos tener miedo a decir que no les concedemos lo que les gustaría, no debemos temer que nos pierdan el cariño, que el berrinche dure semanas ni que la relación se vea perjudicada para siempre. Esto no ocurrirá, aunque lo parezca. Decir que no y poner limitaciones es, más allá de un derecho, un deber de responsabilidad teniendo en cuenta cómo están las cosas al otro lado de las pantallas.

c) Dejar el móvil con condiciones

Dejar claro que el móvil es propiedad de quien lo paga (los padres) y que está «en cesión con determinadas condiciones». La primera de estas condiciones es que NO SEA MOTIVO DE CONFLICTO. Es decir, y esto es muy importante: si el móvil es motivo de conflicto familiar, los padres tendrán derecho a retirar temporal o permanentemente la cesión de uso al hijo. En pocas palabras, si hay problemas a causa del móvil, el hijo o hija no podrá tenerlo (durante un tiempo o definitivamente).

Esta primera ley del contrato de cesión es el puntal de toda la estrategia para mantener el control. Piensa que el móvil es problemático por defecto en manos del adolescente. Es muy difícil evitarlo. Los problemas surgirán por causas variadas e imprevisibles, como:

- Los tiempos de uso.
- Los contextos de uso.
- El secretismo.
- La incautación en la escuela o instituto.
- El maltrato a otras personas a través de la red.
- El maltrato recibido por ellos mismos a través de las redes.
- Los retos virales.
- El acceso a determinados contenidos.
- Y otros difíciles de prever.

Si de entrada hemos establecido que en caso de conflicto será retirado, ya no tendremos que pelearnos por los detalles. Esta política de «muerto el perro se acabó la rabia» puede ser de mucha ayuda ante los casos de adicción grave y cuando no queramos sostener el conflicto, por reiterativo o agotador.

También podemos poner como condición para tener móvil que el adolescente se haga voluntario de una asociación. Mientras haga un voluntariado, le pagaremos el móvil. Si deja el voluntariado, ya no tendrá ese privilegio (privilegios a cambio de cooperación).

d) Hacer un contrato de uso

Antes de poner el móvil en manos de un adolescente, este debe saber cuándo y cómo podrá utilizarlo. Si no lo sabe de antemano, todas las condiciones que le pondremos le parecerán arbitrarias y querrá negociarlas. Si antes de empezar ya están claras las condiciones de funcionamiento, será menos probable que coja malos hábitos, que después cuestan reconducir.

Sin embargo, por las características adictivas de ciertas aplicaciones, lo más probable es que el adolescente siempre quiera más móvil del que se le permite, así que no nos libraremos del toma y daca que intentará realizar.

El contrato de uso debe ser, para que resulte bien, algo así:

Yo, Alba, madre de Laura, le cedo mi móvil con número 667 666 488 con las siguientes condiciones:

1. No tener conflictos debido al uso del móvil (la condición explicada en el punto anterior).
2. No utilizarlo en los siguientes horarios y momentos:
    2.1. Durante las comidas.
    2.2. Durante el rato de estudio.
    2.3. Durante las conversaciones.
    2.4. A partir de las diez de la noche.
    2.5. Durante los trayectos en coche.
3. No ofender a las personas con las que se interactúe a través del teléfono.
4. Dejar el teléfono cuando un adulto lo solicite porque haya alguna otra prioridad.

5. Dar la contraseña a fin de que el propietario del móvil pueda comprobar si se está haciendo un uso adecuado de su aparato.
6. Pedir permiso para instalar nuevas aplicaciones.
7. Utilizar el móvil en los tiempos acordados con su propietario. El tiempo para llegar a acuerdos será de cinco minutos y, si no existe acuerdo, prevalecerá el criterio del adulto.

CLÁUSULA FINAL: Si se incumple alguna condición de este contrato, el propietario podrá retirar el móvil el tiempo que considere necesario o definitivamente. Si solo se retira por un tiempo, el propietario podrá realizar cambios en las condiciones del contrato.

Estas condiciones son orientativas y cada familia debe pactar las suyas. Existen varios modelos de contrato editados por diferentes asociaciones e incluso por la policía. Mi propuesta responde a mi experiencia en la consulta con padres de adolescentes, y es fruto de la observación de los problemas y necesidades más frecuentes y también el resultado de procesos de mediación que me han convencido de que estos términos son los mejores para un acuerdo sobre el uso del móvil con un hijo adolescente.

La cláusula 7 sirve para que los padres puedan regular cuánto tiempo pueden estar conectados a las redes, ahora que ya sabemos que demasiado tiempo les enganchará y les restará oportunidades de hacer otras cosas. Fíjate que hay un tiempo máximo para negociar. Este punto está pensado para que el adolescente pueda exponer sus argumentos y negociar, pero no infinitamente, consumiendo el tiempo y la energía del adulto (por eso se dice que, si pasados cinco minutos no hay acuerdo, prevalece la opinión del padre/madre).

La cláusula final es muy importante porque nos sitúa en una buena posición en caso de incumplimiento, ya que además de la retirada temporal del aparato podremos modificar las condiciones de uso a partir de entonces.

e) Dar buen ejemplo

Si nosotros hacemos un uso similar al que se le pide al adolescente ganaremos dos cosas:

- Legitimaremos más las normas porque podremos justificarlas como elementos de salud.
- Nosotros mismos haremos un uso más razonable del móvil y así protegeremos la vista y otros elementos de nuestro bienestar.

Sin embargo, tampoco es necesario que nos ciñamos estrictamente a los horarios que se le piden al adolescente. Al fin y al cabo, este está en formación y el adulto tiene ya los criterios formados. Lo que sí es importante es que todos respetemos ciertos espacios sin móvil (comidas, conversaciones, trayectos en coche) y que siempre nos vean priorizar las conversaciones presenciales sin distraernos con el móvil ni consultarlo en todo momento.

f) Ocupar el tiempo con otras cosas

Cuanto más podamos involucrar a los hijos adolescentes en actividades deportivas y en actividades de ocio colectivas, mejor.

Deportes de equipo, clubes de tiempo libre o el escultismo, por ejemplo, son ocupaciones excelentes en esta edad. Si están vinculados a estas ocupaciones desde pequeños, será más fácil que se sigan relacionando con ellas. Si no, igualmente merece la pena tratar de asociarlos a alguna de estas actividades o similares. Como ya hemos dicho, hay quienes condicionan a sus hijos a hacer un voluntariado para tener un móvil, por ejemplo.

En caso de que el móvil ya sea un problema

Puede haber dos situaciones:

1. Que tengamos firmado un contrato y se incumpla.
2. Que nunca hayamos tenido un contrato de uso.

1) Si tenemos el contrato firmado y se incumple uno de los puntos, es importante no enfadarse. No sirve de nada, de verdad. Las riñas y quejas de los padres no tienen efecto comparado con el deseo de la tecnología. Por lo tanto, cuando se incumpla un punto del contrato —por ejemplo, si pillamos al adolescente con el móvil en la cama más allá de las diez de la noche—, nos limitaremos a decir:

«Has incumplido el punto 2.4. Mañana, a partir de las ocho de la mañana, 24 horas sin móvil».

A continuación, te recomiendo que salgas de casa y vayas a dar una vuelta.[10] Al día siguiente, cumple con la retirada. Devuelve el móvil cuando se cumpla el tiempo que has dicho (en este caso, 24 horas).

---

10. Es la forma más saludable y segura de no desesperarse discutiendo sus alegaciones.

2) Si no tenemos un contrato de uso y el adolescente hace un mal uso del móvil porque le quita todo el tiempo para realizar otras actividades importantes (como dormir, estudiar, hacer deporte, relacionarse en persona...) o lo utiliza de forma que entorpece actividades familiares, es necesario tener una conversación tranquila como la que se expone en el capítulo de las estrategias para resolver problemas. En esta charla explicaremos los problemas que vemos que está comportando el móvil. El objetivo del diálogo es terminar redactando unas normas de uso. Será necesario que seamos claros sobre lo que está pasando y lo que queremos evitar, y que no tengamos miedo a explicar que a partir de ahora habrá reglas.

A continuación, cuando hayamos realizado el contrato, podremos funcionar con la modalidad 1 (si tenemos firmado un contrato y se incumple).

Si el problema es mayor porque hay una adicción clara y no encontramos la manera de remediarlo, habrá que buscar una ayuda profesional.

Una solución externa

Una forma de controlar el tiempo que el adolescente pasa con el móvil y qué hace con él es utilizar una aplicación de control parental, como Family Link o Screen Time. Estas aplicaciones permiten establecer de antemano el límite de tiempo para utilizar el teléfono (que puede variar todos los días de la semana). La aplicación bloquea el móvil cuando se alcanza el límite de tiempo de uso. También lo bloquea a la hora de la noche que le pidamos. Igualmente, requiere la aprobación de los padres cuando el hijo desea instalar una nueva aplicación, y se puede saber cuánto tiempo ha pasado utilizando cada una de las disponibles. Una opción curiosa que ofrece Screen Time es que permite que el adolescente gane tiempo extra de uso (haciendo tareas que los padres prescriben). Y también da la opción de pausar el teléfono al hijo cuando sea necesario que haga un descanso o que lo deje un rato para hacer otra cosa.

Esta solución es práctica porque evita tener que controlar presencialmente el uso del móvil y nos da información sobre los pasatiempos de nuestro hijo. Además, si le ponemos un tiempo máximo de uso al día que pueda distribuirse como quiera, aprenderá a administrárselo.

Para utilizar aplicaciones de control parental como estas, es necesario instalarlas en los móviles de padres e hijos. Los adolescentes no pueden modificarlas ni eliminarlas sin acceso al móvil de los padres. Solo tienes que ir a la página web de la aplicación para obtener más información e instalarla.

Aprender de quienes saben

Respecto a los efectos de las redes sociales, te recomiendo mucho la lectura del libro *Diez razones para borrar tus redes sociales de inmaediato, de Jaron Lanier* (Debate, Barcelona, 2018). Una de las cosas más interesantes del mismo es que encontrarás la opinión de los gurús de la tecnología (fundadores y altos cargos de empresas como Facebook, Twitter y otras grandes redes sociales y plataformas) sobre la relación que deben tener los niños y los adolescentes con sus creaciones.

Muchos tecnólogos no quieren que sus hijos utilicen las plataformas que crean. Ellos las conocen mejor que nadie y saben sus efectos sobre el cerebro y el comportamiento de los usuarios. Te recomiendo que escuches este fragmento de entrevista a Chamath Palihapitiya —que fue vicepresidente del departamento encargado del crecimiento de usuarios en Facebook— donde habla de las redes sociales y de sus hijos, que tienen prohibido utilizarlas. También merece la pena que los adolescentes lo escuchen para tener la oportunidad de pensar en su comportamiento: <https://www.youtube.com/watch?v=PzfqOfYDu2Q>.

CAPÍTULO 4

LAS COMPAÑÍAS: AMIGOS Y RELACIONES SOCIALES

Hasta que los hijos son adolescentes, conocemos a sus amigos y nos resultan cercanos. Suelen ser niños y niñas de la escuela, hijos de nuestros amigos, compañeros de actividades extraescolares o de las actividades de educación en el ocio, o de la misma calle. Siempre sabemos quiénes son, cómo se llaman, y muchas veces también conocemos a su familia. Y no solo eso: generalmente también tenemos la capacidad de hacer que nuestros hijos tengan más o menos relación, modificando sus posibilidades de compartir con ellos tiempo y experiencias.

Sin embargo, esto cambia cuando crecen. A menudo coincide con el paso a Secundaria, sobre todo si cambian de escuela:

—Hoy voy a casa de Bet, ¿vale?

—Eeeh... y ¿quién es esta Bet?

—¡Pues Bet, de clase, mamá, una chica normal y corriente, no hace falta que te preocupes tanto!

En poco tiempo oímos nombrar a personas que no sabemos qué cara tienen, de dónde vienen ni —lo que nos preocupa más—

por dónde se mueven. Son sus nuevos amigos, los que eligen porque quieren y sin que los padres sepamos nada.

Cuando llega ese momento, puede que nos inquiete una cuestión: ¿los amigos nuevos serán una buena influencia o una mala influencia? Según el dicho: «Quien a buen árbol se arrima, buena sombra lo cobija» y queremos que nuestros hijos estén cobijados por buenas sombras, a ser posible de frutales que los alimenten.

Generalmente, y simplificando, entendemos por «buena influencia» la de alguien que se mantiene alejado de los riesgos —drogas, peligros de todo tipo— y que tiene un buen rendimiento académico. Por contraposición, la mala influencia son las compañías que podrían llevar a tus hijos a correr riesgos como la bebida o las drogas, o hacerles desistir de esforzarse en la escuela.

Si tememos estas posibilidades es porque somos conscientes de que el adolescente es maleable y que la amistad a esa edad es una fuerte influencia. Por eso nos sentimos tranquilos cuando sabemos que los hijos han elegido a amigos responsables, que pensamos que les ayudarán a ir «por el buen camino», en sentido tanto figurado... como literal.

Saber por dónde transitan

Porque, hablando de caminos, uno de los elementos de cambio en la etapa adolescente es que muchas veces los padres no controlan dónde están los chicos y chicas. Si bien se puede intuir por dónde se mueven, tampoco es muy seguro. La libertad de movimientos que poseen es una de las novedades que la familia asume y que implica otro elemento de confianza en la responsabilidad del hijo.

Nuevos entornos, nuevos amigos y nuevos estímulos, todos ellos más lejanos y desconocidos por la familia, hacen que los padres sientan con agudeza la pérdida de control. Necesitan entonces información que les dé confianza. Esta información se busca a través de las preguntas a los hijos:

—¿Quién es esa chica, Érica?

—¿Estudia?

—¿Dónde vive?

—¿De dónde son sus padres?

La necesidad de los padres de poder dibujar mínimamente el mapa del nuevo entorno del hijo es comprensible. Y, más aún, es positiva para los adolescentes por varias razones:

1. Los amigos son tan importantes para los adolescentes que no interesarse por sus amistades es casi como no interesarse por ellos mismos. Lo viven como una desvinculación de la familia de lo que para ellos es tan importante, y hace sentir a los padres incómodos o bien provoca un sentimiento enojoso de fragmentación de su mundo.

2. Si los padres conocen mínimamente a los nuevos amigos, en caso necesario el adolescente podrá hablar de ellos con más facilidad, y así los adultos podrán estar al corriente de posibles complicaciones y a tiempo de echar una mano.

3. Los padres podrán ayudar a su hijo a ser él mismo una buena influencia para los demás. No olvidemos que la influencia de las amistades es siempre en dos direcciones; por eso, al igual que nuestro hijo es influido, también influye en los demás. El adolescente de casa puede echar una mano a amigos que lo necesiten, e incluso nuestra familia puede ser un refugio o un apoyo para un chico o una chica en apuros.

¿Cómo dibujar el mapa?

Pero ¿cómo se puede dibujar, aunque sea a grandes rasgos, el mapa del entorno social del adolescente a medida que crece? He aquí algunas ideas:

1) Invitar

Haz que se sientan cómodos llevando amigos a casa. Hay chicos y chicas a los que no hace falta insistirles y que enseguida llenan la casa de gente, y otros que nunca quieren que vaya nadie. En este último caso, puede ser bueno presionar un poco:

—Tú has ido muchas veces a casa de Rebeca. Antes de que vuelvas a ir, que venga ella aquí alguna vez.

2) Preguntar

Haz preguntas concretas:

—¿Cómo se llaman las nuevas personas que has conocido este curso?

—¿Quién te cae mejor? ¿Y peor?

—¿Qué es lo que más valoras en un amigo?

—¿Cuál es la mejor cualidad de tu mejor amiga?

—¿Tienes más amigos en el instituto o en el baloncesto?

Debemos conseguir que el hijo hable de las personas que le rodean, que diga qué hacen, qué piensan, qué proyectos tienen, cómo viven.

A veces les es más fácil hablar de terceras personas que de sí mismos. No importa, eso está bien. Hablar de terceros es un camino para acercarse a uno mismo. En este caso, van muy bien las preguntas tipo:

—¿En tu clase hay muchos grupitos?

—¿Cuál es el grupito más conflictivo?

—¿Hay rivalidades? ¿Cuáles son?

—¿Quién es el más gracioso del grupo?

—¿Y el más discreto? ¿Hay alguien que parece que no esté?

Como veremos en el capítulo siguiente, es importante cuándo y cómo hacemos este tipo de preguntas. Si las planteamos bien y en el contexto adecuado, servirán para abrir canales; si no, serán vistas como intrusiones.

3) Hablar abiertamente de lo que te preocupa

Puedes hablarles abiertamente de que los amigos influyen en las formas de ser y de hacer y decirles qué te preocupa exactamente. Por ejemplo, puedes decirles que te preocupa que, debido a que tienen relaciones con alguien que no estudia, estudien durante menos tiempo. O que, por haberse hecho amigos de una jugadora compulsiva de videojuegos, se vuelvan adictos a los videojuegos. Tus comentarios, aunque aparentemente no les gusten, les ayudarán a tomar conciencia de que la influencia existe y que puede ser negativa. Al ser conscientes de ello, podrán filtrarla mejor, aunque mantengan relaciones con amigos «de riesgo».

Cuando los referentes sean chicos y chicas mayores, y tengan un modelo que no te gusta, puedes decir en qué aspecto te preocuparía que se parecieran y por qué. No hay problema en dar tu opinión claramente.

4) Crear vínculos con el entorno de amigos

Una buena forma de trabajar nuestra influencia sobre los hijos es estableciendo vínculos con su entorno de nuevos amigos. Ofrezco algunas ideas para que te acerques al objetivo:

a. Cuando tengas contacto con los amigos, haz que se sientan bienvenidos interesándote por ellos y manteniendo conversaciones amistosas e informales. Está bien llamarlos por el nombre y preguntarles generalidades como dónde viven o si tienen hermanos o algún *hobby* en particular, todo en un tono distendido. Es necesario que no se sientan interrogados. Eso bastará para que los amigos estén cómodos y también los propios hijos; debemos procurar que ellos se sientan bien cuando inviten amigos a casa. Hay que tener en cuenta que a esta edad a menudo los chicos y chicas son vergonzosos y poco hábiles socialmente, de modo que cuanto más fácil se lo pongamos, mejor.

b. A la hora de valorar a los amigos de los hijos, no nos dejemos llevar por las apariencias. La forma de vestir o adornarse el cuerpo no implica que un adolescente sea más o menos buena persona ni tampoco indica el tipo de influencia que puede representar para tu hijo. Las formas radicales o los estilos acusados indican más bien la inquietud por encontrar una personalidad propia y la necesidad de afirmarse.

c. Aprovechemos las oportunidades de observar. Si, por ejemplo, les acompañamos en coche con algún amigo, tendremos una ocasión idónea para percibir cómo se relacionan. En un primer momento solemos dedicarnos a ser amables, pero después podemos dedicarnos a escuchar la conversación que ellos tengan, sin intervenir demasiado. Esto nos dará facilidades para introducir nuevos elementos en las conversaciones una vez en casa. Podremos decir, por ejemplo:

—Diría que Paula no es demasiado fan de su tutor, ¿verdad? ¿Qué problemas ha tenido con él?

Esto no nos garantiza obtener información sincera siempre, pero abre nuevas vías de conversación y nos acerca a su mundo.

d. Como «plus», según el centro educativo adonde vayan y la relación que tengáis tú y tu pareja con las familias del centro, podéis intentar pactar con los padres de los amigos cuestiones como el uso de las pantallas o la hora de volver a casa. Cuanta más coordinación haya en el conjunto de las familias, más te ahorrarás escuchar que «todos los demás lo hacen».

Es frecuente que esta coordinación no exista y que cada familia deba inventarse criterios y sostenerlos contra viento y marea, sin el apoyo de la comunidad. Si esto es así ahora, podéis plantearos articular un conjunto de familias de alguna forma, o al menos crear una pequeña red con las familias de los amigos que más frecuentan los hijos. Esto requiere algunas habilidades comunicativas, pero no tengáis miedo: muchas familias os agradecerán que os presentéis e intercambiéis opiniones sobre los límites del terreno de juego de los adolescentes.

¿Cómo procurar buenos entornos de amigos?

Como en la adolescencia es probable que los hábitos de los amigos más cercanos se acaben compartiendo, en la medida de lo posible queremos que los hijos frecuenten entornos donde los chicos y chicas que formen parte de ellos tengan buenos hábitos. Lo decíamos más arriba: «Quien a buen árbol se arrima, buena sombra le cobija». Para procurar estos entornos, irá bien:

- Elegir un centro educativo con buen ambiente de trabajo.
- Vincularse a un grupo *scout*/organización de voluntariado...
- Promover que practiquen un deporte de equipo.
- Animarles a realizar alguna actividad en la que sean ellos mismos el referente de alguien. Por ejemplo, trabajar como monitores de ocio, dar clases de refuerzo a pequeños o hacer canguros.

¿Cómo enseñarles a ser un buen amigo de sus amigos?

¿Y si resulta que nuestro hijo tiene pocos amigos y vemos que los echa de menos? Con los chicos y las chicas que tienen pocos amigos, o poca capacidad de mantenerlos, podemos hacer algunas cosas para ayudarles:

- Al hablar con tu hijo, destaca las cualidades que tiene como amigo que los demás pueden valorar; y por otro lado, hazle reflexionar sobre cómo se da a conocer a las personas. Para conseguirlo, pregúntale qué hace para que la gente sepa cómo es, qué le gusta, qué valora. Esto le ayudará a tomar conciencia de la necesidad de mostrarse, de abrirse. Sentirse seguro y ser consciente de que debe abrirse le ayudará a hacer amistades.
- Explícale que los amigos a veces se hieren sin querer, pero que las heridas se curan con cuidados y disculpas. La amistad a menudo puede rehacerse.
- Hazle entender que ser buenos amigos comporta tiempo y cuidado, a veces esfuerzo. Implica estar cuando el otro nos necesita y darle confianza abriéndonos para poder ayudarle. Hay que pasar ratos juntos y compartir sentimientos.

- Háblale de tus amigos, de la historia en común. Esto puede ayudarle a ver modelos inspiradores. Nuestras relaciones respetuosas, empáticas y generosas pueden ser un buen modelo.
- Si tu hijo tiene problemas con los amigos, explícale que todo el mundo puede tener muchos amigos y de muchos tipos. Dale a entender que los amigos no le deben exclusividad y que él tampoco debe encerrarse en lealtades reducidas.
- Dile que los buenos amigos nos hacen sentir bien con nosotros mismos.

¿Qué hacemos con los malos amigos o las amistades tóxicas?

Precisamente porque los buenos amigos te hacen sentir bien, te aceptan y te valoran tal y como eres, cuando una amistad hace lo contrario la podemos calificar de tóxica. Las amistades tóxicas son las que despiertan sentimientos negativos hacia el propio adolescente o hacia las demás personas, los manipulan, los ignoran o abusan de ellos. Es útil que los adolescentes puedan distinguir este tipo de relaciones y las eviten optando por otras.

¿Cómo ayudar a los adolescentes a evitar las relaciones no convenientes?

1. En cuanto exista la ocasión, hazles saber que los buenos amigos son los que cuidan, cuentan con nosotros y nos tratan con respeto.
2. Procura que los adolescentes tengan amigos de diferentes entornos: de la escuela o del instituto, pero también de las

actividades extraescolares, del centro de actividades del vecindario… De esta manera, tendrán alternativas si deben abandonar alguna amistad.

3. Si observas cosas que te preocupan relacionadas con una amistad, házselo saber de la manera más objetiva posible. Puedes decir, por ejemplo: «Cada vez que vuelves de ver a Jana tienes mala cara y pareces enfadada».

4. Cuando quieran mantener amistades que piensas que les perjudican, intenta darles ideas para cambiar los aspectos de la relación que no funcionan. Por ejemplo, si tu hija se siente insegura por los comentarios despectivos de una amistad sobre su aspecto, merece la pena animarla a que le diga a la amiga claramente que estos comentarios no le gustan. A veces, un poco de firmeza resuelve problemas que de otra forma continuarían, pero hay momentos en los que ese comportamiento asertivo debe impulsarse.

5. Si el adolescente quiere abandonar una amistad no conveniente, ayúdale a encontrar la fórmula y apóyale. Puede decir, por ejemplo: «No me gusta que hables mal de mí a mi espalda. Si sigues así, no podemos ser amigos». Cuando lo haya hecho, debes estar pendiente para saber si la reacción de la otra persona es de ataque y si tu hijo necesita ayuda.

6. Puede que el vínculo con un amigo o amiga fuera muy bueno (buen trato, consideración mutua, confianza…), pero que la otra persona llevara a tu hijo a comportarse de manera antisocial (robar, beber…). En este caso, estaría bien decir, por ejemplo: «Cuando te juntas con Marta te estás buscando problemas. Si robas, además de obrar mal, te arriesgas a que te arresten». Así, poniendo énfasis en las consecuencias, no cuestionamos al amigo

que aprecian, pero sí ponemos el foco en un mal comportamiento que por varias razones no debería tener. Es más efectivo que decir «No quiero que te acerques a Marta». No es buena idea criticar directamente o prohibir a los amigos, porque esto puede causar el efecto contrario al deseado.

7. Recuerda al adolescente que puede confiar en su buen criterio y mantenerse al margen de lo que hacen los demás, y que, si tiene valor, esto es precisamente lo que hará. Utiliza la reflexión clásica: «¿Lo haces porque tú quieres o porque te impulsa otro?», «¿Sabes que no debes hacerlo aunque te presionen?», «Tienes criterio para decidir por ti mismo lo que conviene y lo que no». Háblale de que en la adolescencia la aceptación social desempeña un fuerte papel en la toma de decisiones, y dile que esperas que sepa hacer prevalecer su criterio por encima del de los demás.

Abusos

Si detectas un abuso, no tengas miedo a tomar decisiones tanto si los hijos son las víctimas como si son los abusadores. Cambiar de centro educativo puede ser una liberación o una descarga para otro. Hay que aprender a combatir la propia discriminación y a comportarse debidamente con las víctimas, por supuesto, pero no tenemos todo el tiempo del mundo y a veces dar un volantazo a tiempo ahorra mucho desgaste y sufrimiento. Darles la oportunidad de volver a empezar, tanto si están a un lado como al otro del abuso, puede ser muy sano y aireador.

A partir de ahí, habrá que trabajar en la conducta. Y posiblemente necesitarán la ayuda de educadores que les faciliten encontrar un nuevo papel. Ten en cuenta que, por ejemplo, los abusadores desempeñan a menudo un rol que les refuerza a ojos de los demás y a los suyos propios.

Amigos en red

Nuestro tiempo se caracteriza por el hecho de que las relaciones de amistad tienen un desarrollo paralelo en la vida real y en las redes. En estos dos entornos se tienen tratos con personas que a veces son las mismas y a veces no. Hay amigos que son básicamente digitales —con quienes el trato se da sobre todo o exclusivamente a través de las redes sociales—, y también hay amigos que son, al mismo tiempo, «corporales» y «digitales». Cada vez hay menos amistades con las que los adolescentes tengan tratos solo en carne y hueso.

Esto hace que sus relaciones con amigos y amigas tengan siempre un doble curso: el que tienen cuando se ven y el que tienen cuando se relacionan *online*. Todos conocen la vida real de sus amigos y también la virtual. Están al corriente de lo que publican e interaccionan en las redes (aplauden, comentan, comparten). Como consecuencia, la vinculación es constante, tanto si los amigos están presentes como si no.

Otra consecuencia de ello es que lo que el adolescente publica en redes es siempre una forma de presentación personal. Sabe que todo lo que postee será objeto de valoración y que su imagen depende de ello. Teniendo en cuenta la importancia suprema que la imagen tiene para los adolescentes, puedes imaginarte el grado de dedicación que implica ver lo que proyectan los demás y proyectar lo propio de una determinada manera.

Este grado máximo de interés —junto a los fenómenos que hemos descrito al hablar del móvil y las redes sociales— hace que estén conectados a las redes una cantidad ingente de tiempo. Y que les cueste tanto desconectarse… porque la conexión es una forma de mantener la red, los vínculos, y de empaparse de ellos. Ya sabemos que pueden quedar fácilmente enganchados a los nudos de esta red, que se vuelven fácilmente adictos a la conexión y que desarrollan una necesidad de aprobación constante a través de los *likes*, lo que puede generarles inquietud y hasta pérdida de confianza en sí mismos.

Justamente la confianza es una de las cosas más manipulables por las amistades a través de la red. Hay muchos adolescentes, especialmente chicas, que sufren el destierro, el abandono y también la violencia verbal de otros. Es muy fácil tirar la piedra y esconder la mano cuando no debe darse la cara y todo se puede atribuir a un malentendido, a un exceso de susceptibilidad, a una mala interpretación. Pero si un adolescente no está fortalecido para hacer frente a estos riesgos, puede sufrirlos con dolor. Y también puede generar sufrimiento y causar mucho dolor.

Es necesario sembrar la confianza en ellos para darles esta fuerza. Hay que enseñarles a ser críticos, darles a conocer los riesgos —sobre todo el enganche— de las redes y mentalizarlos sobre un código de conducta ante las amistades: lo que nos dicta el sentido común a la hora de tratar a alguien con respeto amistoso.

Y, cuando tengan un problema debido a la interacción con amigos en las redes, ayúdales a entender que el conflicto es parte natural en una relación. Es necesario que sepan que incluso los mejores amigos tienen discusiones y que no todas las discusiones significan el fin de la amistad. Remarca la importancia de discutir bien, y que tengan claro que en las redes los malentendidos son muy frecuentes y que los conflictos se salen rápidamente de madre. Es importante enseñarles a decir, por ejemplo: «Creo que ambas estamos muy molestas. Hablemos mañana en persona».

A la larga, tranquilos

Si te preocupa la influencia de los amigos en el comportamiento de tu hijo, puede ayudarte tener claro que tu influencia es mucho mayor que la de los amigos en cuanto a las decisiones de largo recorrido, como la elección de los estudios o los valores. Sus amigos más bien tienen influencia sobre las elecciones a corto plazo, como la apariencia y los intereses por ciertas formas de ocio o productos culturales.

Y aún un apunte más, también tranquilizador: incluso la peor influencia puede ser buena en cierto sentido, porque el adolescente verá otros modelos que no necesariamente encontrará mejores que el de su casa, sobre todo a la larga, lo que reforzará su idea de que forma parte de una familia que le ayuda y que le cuida.

CAPÍTULO 5

ALCOHOL, DROGAS

Las cosas tal y como son

Los adolescentes tienen acceso a más drogas y más diversas que ninguna generación anterior. Hay muchas drogas nuevas, siguen surgiendo y todas son más fáciles de conseguir. Sin duda, las más consumidas por los adolescentes son el alcohol, el tabaco y el cannabis (tomado generalmente en forma de marihuana o hachís).

El consumo comienza cada vez a edades más tempranas (doce, trece, catorce años) y, entre los que fuman marihuana, cada vez son más los que la fuman a diario. Incluir datos numéricos de consumo no me parece buena idea, porque el porcentaje de los que consumen aumenta cada año y la edad de inicio de consumo baja cada vez más, pero puedes buscar las cifras actualizadas en internet; posiblemente te sorprenderá la cantidad de chicos y chicas (cada vez más chicas) de quince años bebedores y fumadores habituales. ¡Ah!, es necesario especificar que cuando los jóvenes hablan de «fumar» normalmente se refieren a fumar cannabis y no tabaco, o no solo tabaco. Las drogas como la cocaína y el éxtasis suelen consumirse cuando se tiene más poder adquisitivo, entre los veinte y los veinticuatro años.

En resumen, las drogas más habituales y sus efectos son:

- Alcohol, cannabis —marihuana («maría» o «hierba»), hachís («costo» o «chocolate»)—, alcohol + fármacos sedantes: son desinhibidores y relajantes, y a menudo provocan ralentización física y psíquica.
- Nicotina (tabaco), cafeína, anfetaminas y cocaína: son excitantes, reducen la sensación de sueño y activan la mente.
- LSD (también llamada «ácido», «tripi», «papel») y MDMA (también llamada «éxtasis», «md», «m», «cristal», «ice», «pasti»…): son alucinógenas y alteran la percepción de la realidad. El éxtasis provoca una sensación de felicidad completa.

Hay drogas más peligrosas que otras porque tienen mayor potencial de deterioro personal y social (por ejemplo, el alcohol en este sentido puede considerarse peor que el tabaco), porque provocan adicción más rápidamente (como la cocaína) o porque tienen efectos más nocivos en la gestión de la vida diaria (peor en este sentido el cannabis que el tabaco, por ejemplo).

Además de los efectos sobre la salud, existe un efecto peligroso sobre el comportamiento y la personalidad, que es la adicción. Como implica el deseo imperioso de consumir la sustancia sobre cualquier otra cosa (y cada vez en mayores dosis), el adicto es capaz de relegar todo lo que es importante en pos del consumo, y así se explican muchos comportamientos como robar, mentir o manipular.

El adolescente está en un mal momento en cuanto a la capacidad de ponerse límites, controlar sus impulsos, calcular las consecuencias y tomar decisiones según sus propios valores sin dejarse influir en situaciones socialmente difíciles. Por otra parte, hay una tolerancia social hacia ciertas drogas que los adultos consumimos, como si el hecho de ser adultos las hicieran menos nocivas. Cuando los adolescentes sienten que lo que les recomendamos poco tiene que ver con lo que hacemos, no tenemos credibilidad. Ocurre a menudo con el alcohol y el tabaco.

Como todo esto los padres y madres ya lo sabemos y somos conscientes de los efectos nocivos en el ámbito familiar, social, educativo y laboral del mal uso de las drogas, la pregunta es qué se puede hacer para prevenirlo.

Qué podemos hacer

Para proteger a los adolescentes enseguida se nos ocurre poner trabas al acceso a las drogas. La lógica se impone aquí: si no pueden conseguir drogas, es imposible que las tomen. Pero todos los chicos y chicas tienen acceso a ellas, si quieren. Aunque nos esmeremos en dificultarles el acceso, alcohol y drogas afloran por rendijas infinitas. Por lo tanto, más eficientes que nuestros esfuerzos para impedirles acceder a las drogas, serán los esfuerzos para desmotivarles a acceder, es decir, para conseguir que no las tomen porque no quieren. O, mejor dicho, para que no las quieran más de la cuenta, para que no las quieran para resolver ciertas necesidades que no puedan resolver de otras formas.

Dar ejemplo

Si los padres no fuman en absoluto y no beben a menudo alcohol de alta graduación, será menos probable que los hijos lo hagan.

Dar información

La información sobre las drogas debe darla una persona que disponga de ella de forma completa y fiable, y a menudo no es el caso de los padres, que tocan de oído. Es mejor que los adolescentes se informen a través de expertos y buenas páginas web, como www.somnit.org. Echa un vistazo a esta página práctica, donde obtendrás información interesante tanto para padres como para adolescentes. Con esto quedará cubierta la necesidad de informarles para que puedan tomar decisiones con conocimiento de causa.

Sin embargo, tener «conocimiento de causa» no equivale a «tener conocimiento», en el sentido de tener sensatez, algo que ya sabemos que en algunos adolescentes brilla por su ausencia. ¿Cómo, si no, se explica que, a pesar de tener información sobre los efectos de las drogas sobre el cuerpo y la mente, y aun con el riesgo de adicción, no se asusten? ¿Por qué no consideran el uso de las drogas un riesgo real para sí mismos? Se explica por una razón que tiene que ver con el punto de maduración de su cerebro: los adolescentes creen que a ellos no les ocurrirá lo que se supone que le ocurre a la gente cuando se consumen drogas. Los problemas pueden tenerlos «los demás» porque son idiotas, pero no uno mismo, que sabe lo que se hace.

Por eso arriesgan: imprudentes por edad ante un riesgo que no consideran del todo real, tienen ganas de transgredir y experimentar. Las drogas son fantásticas proveedoras de la posibilidad de transgresión y experimentación. Además, permiten autoafirmarse en contraposición a la familia: «Los padres querrían impedírmelas, yo decido permitírmelas. Me hago mayor: mis padres ya no dirigen mis pasos».

También está el hecho de que los comportamientos más propios de los adultos de algunos miembros del grupo de iguales (fumar, beber...) les atraen para parecerse a ellos. Imitar a los más transgresores puede mostrarles como más atrevidos o adultos a los ojos de los demás y, en busca de la aprobación (y si puede ser de la admiración) de los iguales, los adolescentes imitan las actitudes de los más chulos del grupo porque ser bueno puede ser visto como ser pequeño. Muy pronto hablaré de la importancia de la autoestima y la seguridad personal para evitar este comportamiento imitativo.

A pesar de las razones que explican que los adolescentes realizarán, con mucha probabilidad, incursiones en el mundo de las drogas, asegurarnos de que están informados es básico. Puedes poner como condición para poder salir que hayan consultado información. Si es necesario, hacedlo juntos. Más allá de eso, habrá que confiar en que los hijos no son del todo insensatos y que la gran mayoría saben lo que hacen. Habrá que recordar también que no podemos protegerlos de todo, que a veces deben experimentar y equivocarse. Y, sobre todo, habrá que repetirles —y con convicción— que confiamos plenamente en su capacidad de tomar buenas decisiones, en su buen criterio, en su aprecio por sí mismos a la hora de plantarse y cuidarse; en definitiva, que confiamos en su buen juicio.

Justo en relación con esto hay otro trabajo previo que podemos realizar desde casa, junto con la tarea de informarles o de hacer que se informen. Es un trabajo que se puede reforzar en los centros educativos y también por parte de los educadores del deporte y el ocio. Se trata de imprimir en los adolescentes la idea de que tiene más valor —en el sentido de valentía y de valía— quien tiene un criterio más independiente que quien se deja arrastrar. Esta idea («Piensa por tu cuenta», «Haz lo que a ti te parece que está bien y no lo que hagan los demás») suele mencionarse en algunos momentos del proceso de crecimiento, pero no se trabaja lo suficiente a fondo; a menudo no se incide lo suficiente en el valor de sostener el propio criterio ante la presión y la tentación de asimilarse al resto, de mimetizarse.

Por último, como padres y madres, hay que saber que las drogas forman parte de la realidad del día a día de los hijos, que conviven y convivirán con ellas. El problema es la dificultad de consumir solo de forma puntual y esporádica, y es de eso de lo que hay que hablar con los hijos. Alarmarse por la mera posibilidad de tener contacto con una droga es poco efectivo (y a menudo poco coherente cuando los padres consumen alcohol, por ejemplo). Es más efectivo ayudar a los hijos a tomar conciencia del riesgo y de las señales de adicción.

En este sentido, les podemos decir cosas como:

—Fíjate que hay gente que necesita beber para pasárselo bien. Si no lo hacen, les cuesta. Necesitar esa ayuda es ya depender de una droga. Cuando uno no puede divertirse si no bebe, comienza la dependencia.

O bien:

—Fíjate que hay quien no puede pasar sin fumar, no lo puede evitar. Esto es dependencia. En este punto, uno es esclavo del tabaco. Si no lo tiene, pierde bienestar. Ahí se llega fumando de vez en cuando, aunque no lo parezca.

La idea de que se cae en las adicciones al hacer un uso recurrente de algo es muy importante que quede clara. Puedes ayudarles a que lo entiendan con frases como:

—Si bebe varias bebidas alcohólicas a la semana, o el fin de semana, a una persona se le hace cada vez más difícil prescindir de ellas. Cuanto más bebes, más difícil es dejar de perjudicar el cuerpo y la mente. Merece la pena conservar muy bien los límites.

—Cuantas más veces fumas, más cuesta fumar igual que hasta entonces o menos. Y cuanto más fumas, más perjudicas el cerebro. Merece la pena no arriesgarse a tener problemas para parar.

Con frases como «Vale la pena conservar muy bien los límites» o «Vale la pena no arriesgarse a tener problemas para parar» estamos manteniendo una posición razonable: por un lado, damos por hecho que probar el alcohol o los porros no es encomendarse al diablo, pero advertimos que, si se consumen mucho, puede ser un verdadero problema. Son frases para ser dichas si ya sabemos que los hijos han hecho incursiones en las drogas. Si no, lo mejor es decir:

—Es tan delicado para la salud y por el riesgo de engancharse que, cuanto más lejos te mantengas de ellas, mucho mejor para ti y para tu inteligencia.

Ahora bien, teniendo en cuenta que harán sus acercamientos a las drogas, la mejor estrategia ante ellas es no exagerar. Está bien:

- Comunicarse con serenidad y seguridad.
- Dejarles sentir que todo esto ya estaba inventado antes de su experiencia y que está más que visto qué ocurre si uno se deja tentar demasiado por falta de criterio.
- Hacerles saber que confiamos en su sensatez.

Lo más importante es que tengan confianza para poder hablar de ello en casa; y eso depende de cómo los padres reaccionan a sus comentarios. Según la forma en que reaccionemos, no mantendrán la confianza y dejaremos de saber por dónde transitan, y, por lo tanto, de poder acompañarles.

Y, por eso, porque la confianza es tan importante, es necesario saber construirla y mantenerla. A esto dedicaremos la mayoría de la segunda parte del libro: a que nuestros hijos confíen en nosotros.

Salir de noche

Los riesgos siempre se corren lejos de los padres protectores, así que los escenarios del riesgo por excelencia son las noches y las escapadas con amigos. Los hijos deben poder disfrutar de estos entornos, que los hacen libres y en los que tienen la ocasión de aprender a hacer uso de su libertad.

Muchos padres se preguntan cómo prevenir las imprudencias en las salidas nocturnas. He aquí algunos consejos, añadidos a lo que he dicho hasta ahora sobre la prevención y el discurso que hay que hacer sobre la bebida y la adicción a las drogas:

- Pon una hora de regreso en las primeras salidas. Procura que sea «razonable» en función de la hora de inicio de ciertas actividades, como los conciertos. Es necesario que sea lo más restrictiva posible para tener margen para ampliarla más adelante.
- Al cabo de un tiempo, dile al adolescente que le dejas regresar media hora más tarde, siempre que te demuestre que sabe ser puntual.
- Si durante una temporada (por ejemplo, tres o seis meses) es siempre puntual, alarga el horario media hora más, expresándole su reconocimiento: «Veo que eres puntual, no me haces sufrir, así que puedo darte más margen».
- Si sigue siendo puntual a la hora de volver, al cabo de un tiempo puedes darle más margen o, si ya tiene dieciséis años, preguntarle: «¿A qué hora volverás?». Este paso es importante porque implica que el criterio ya será el suyo. Pero para poder hacerlo, el adolescente debe tener claro que debe garantizar la puntualidad a la hora que te diga. Si

te dice una hora exageradamente alta puedes decir que no, que el límite máximo es «X».

- Si te hace sufrir que el adolescente pierda la cabeza a media noche, puedes decirle que te llame o te envíe un mensaje de voz a una hora acordada. Será necesario que se ponga una alarma en el móvil para no olvidarse.
- Es efectivo decirle: «Te doy confianza porque sé que puedo fiarme de ti. Si pensara que tengo motivos para sufrir no confiaría en ti. Espero que estés a la altura de mi confianza».
- Al día siguiente, haz algunas preguntas sobre la salida nocturna que no se puedan responder con monosílabos. Por ejemplo:

—¿Quién estaba ayer en la fiesta?

—¿A qué hora empezaron a llegar los primeros?

Y, para evitar que suene a interrogatorio, haz preguntas del tipo:

—¿Qué fue lo mejor de todo?

—Si tuvieras que mejorar esa fiesta, ¿qué harías?

Esto te dará a conocer más detalles de la vivencia y del criterio de tu hijo y establecerá un canal de comunicación sobre su ocio.

Apunte final

Acabo los capítulos sobre «las amistades peligrosas» con una recomendación sobre la salud de los adolescentes en general: es necesario que poco a poco asuman su cuidado, cierta responsabilidad sobre su salud, y una buena manera de ayudarles a conseguirlo es facilitando que vayan a ver al médico por su cuenta. A partir de los catorce o quince años es una buena idea concertar una cita con un profesional con el que puedan hablar de drogas, sexo, salud mental… Es mejor empezar pronto, porque a los dieciséis años ya habrán cometido algunas imprudencias. Estas visitas privadas o semiprivadas (los padres pueden acompañarles y esperarles fuera, o estar durante la exploración física y después salir) son una buena política preventiva: recibirán información de un tercero (que además es un experto), podrán preguntar lo que necesiten y tendrán una persona de referencia con la que habrán construido una relación para poder realizar una consulta si en algún momento tienen problemas.

Si el adolescente todavía es muy joven, las conversaciones que tendrán no estimularán ningún comportamiento inadecuado para la edad, no es necesario sufrir, y en cambio podrán hacerles reflexionar sobre cuestiones diversas como las horas de sueño que necesitan, el abuso de las pantallas, los riesgos de ciertos comportamientos y cómo prevenirlos, y otros temas que tienen que ver con la salud más allá de las meras enfermedades infantiles de cuando les acompañábamos al pediatra.

CAPÍTULO 6

LA (DES)MOTIVACIÓN
POR LOS ESTUDIOS

La adolescencia, que es una época de cambios en los intereses y las motivaciones, a menudo lleva asociada la pereza y la desidia por todo lo que no tenga que ver con la vida social, la diversión y las relaciones personales —*offline* y *online*—. Y esto comporta, para algunos adolescentes, un problema de desmotivación por los estudios, lo que hace que en ocasiones empeoren los resultados académicos. Los malos resultados suelen implicar aún más desgana y se puede entrar en una dinámica de desinterés creciente. Si es el caso de tu hijo, este capítulo es para ti. Y es que merece la pena entender este problema y ver qué podemos hacer las familias. Si incorporo este apartado es por la demanda creciente de una de mis conferencias, que tiene por objetivo ayudar a los padres a encontrar formas de impulsar en los hijos las ganas de estudiar.

¿Qué está pasando?

Ante todo hay que reconocer en qué contexto se encuentra el adolescente cursando la Educación Secundaria Obligatoria: hace unos años, asistir a clase entre catorce y dieciséis años era una opción. El problema de la desmotivación no existía, pues quien estudiaba era porque quería. Y el problema de la desmotivación de los doce a los catorce todavía existía menos, entre otras razones porque entre los doce y los catorce años los alumnos eran los mayores de las escuelas, eran considerados como niños y niñas y no como adolescentes, y se sentían al final de un proceso y muy vinculados a los maestros y compañeros.

Actualmente entre los catorce y los dieciséis años se debe asistir a clase obligatoriamente, no hay ninguna alternativa legal para aprender, a lo que debemos añadir que a los doce años cambian de centro educativo o, en el mejor de los casos, de edificio en el mismo centro. Este hecho ayuda a convertirlos en adolescentes, porque como forman parte de un contexto juvenil, al encontrarse rodeados de chicos y chicas mayores, tienden a identificarse con ellos. En cierto modo, podemos decir que, debido al entorno, se vuelven adolescentes antes. Estudiar obligatoriamente en centros de Secundaria de los catorce a los dieciséis años tiene importantes ventajas, pero también comporta retos que hay que saber afrontar como sociedad y como familia.

Cada vez antes, muchos alumnos no participan, parecen más indiferentes a los aprendizajes y no muy preocupados por contentar a los adultos, ni a docentes ni a padres.

¿Qué está pasando? Conocer las causas de lo que sucede puede ser un buen primer paso para encontrar remedio. Por lo tanto, empecemos por esta pregunta: ¿cuáles son los motivos que explican la falta de motivación de los adolescentes?

La perspectiva sociológica

Entre las razones que explican esta falta de motivación, algunas pertenecen al ámbito académico y otras se encuentran fuera. Dentro del entorno académico están las causas relacionadas con la pedagogía (entendida como la forma de transmitir el conocimiento) y con la desconexión entre lo que se enseña y la vida del estudiante. Pero son las causas que se sitúan fuera del ámbito académico las que más nos interesan como familia, porque es en estas causas, y no en las que tienen lugar de puertas adentro en los institutos, donde podremos incidir.

La desmotivación de muchos estudiantes de Secundaria tiene relación con cuatro factores:

1. El escepticismo respecto a lo que puede implicar su formación.
2. El entorno y las inquietudes diarias.
3. El desinterés por el futuro académico y profesional.
4. El cerebro adolescente.

En distinta medida en cada caso particular, cada uno de estos factores puede ayudar a explicar la desmotivación de un adolescente. Vamos a analizarlos uno por uno para ver cómo afrontarlos.

1) El escepticismo respecto a la relación entre formación y éxito profesional

Los jóvenes son cada vez más escépticos respecto a los beneficios personales y sociales que comporta el esfuerzo por obtener una educación de alto nivel. Ha habido un gran cambio en la visión sobre lo que puede representar la carrera académica desde los inicios de la escuela de masas en el siglo XIX. El objetivo declarado de la escuela moderna universal y obligatoria, cuando se impuso a mediados del XIX, fue salvar a los jóvenes de la ignorancia y prepararlos para la vida colectiva. La institución escolar, a cambio de la obligatoriedad de la asistencia a las aulas, hace una promesa: si los chicos y chicas se someten a la disciplina académica (tiempo en un determinado espacio, esfuerzo intelectual, deberes, obediencia, hábitos, etc.) obtendrán la integración personal, laboral, familiar y ciudadana en la sociedad, y podrán realizar una carrera profesional como personas formadas a un determinado nivel.

Si bien esta fue la promesa inicial, en nuestros días la precariedad, la flexibilidad y la incertidumbre del mundo laboral hacen que sean malos tiempos para cumplirla: a día de hoy los adolescentes ven a menudo que realizar una carrera académica brillante no es garantía de encontrar opciones laborales que tengan relación con ellas. El esfuerzo y los resultados académicos frecuentemente no tienen correspondencia con reconocimientos ni retribuciones en el mundo profesional. En otras palabras, el éxito escolar no necesariamente implica éxito en el mundo laboral, y la escuela cada vez se ve menos como un lugar importante para mejorar las oportunidades. Los buenos resultados académicos no tienen reconocimiento fuera de ese ámbito. Permiten acceder a ciertas titulaciones, pero no garantizan tener un trabajo bien remunerado en el propio país. Por lo tanto, muchos jóvenes son escépticos sobre el valor de esforzarse mucho estudiando, y más cuando constatan que muchos de sus referentes basan el éxito profesional y social en actividades como jugar a videojuegos por internet (los *gamers*) o explicar cómo viven (los *influencers*).

En este sentido, es gracioso que precisamente se haga llamar Sceptic un jovencísimo jugador profesional de Fortnite que se hizo famoso con catorce años y que dos años después superaba de lejos el millón de seguidores en YouTube y ganaba doscientos mil dólares anuales. Ante fenómenos de este tipo, el escepticismo de los adolescentes respecto al valor del aprendizaje escolar como generador de oportunidades sociales es más que comprensible, sobre todo si tenemos en cuenta también los demás factores que explico a continuación.

2) El entorno y las inquietudes diarias

Desde la década de 1990, la escuela ha perdido el monopolio de la cultura. Aunque hasta entonces todo lo que no tenía que ver con la vida práctica se aprendía básicamente en los centros educativos, la escuela ha ido dejando de ser cada vez más el espacio prevalente del saber. El conocimiento se ha hecho accesible desde otros muchos contextos y, en realidad, fuera de la escuela los jóvenes a menudo pueden aprender cosas que les parecen más interesantes. Además, en estos contextos alternativos, la forma de aprender es más estimulante. Por ejemplo, internet o los medios de comunicación educan a través de la seducción y la emoción-*shock*, y no requieren rutinas pesadas ni una especial fuerza de voluntad.

Por otra parte, el entorno vital de los adolescentes y sus inquietudes a menudo no tienen mucha relación con lo que se enseña en el instituto, lo que hace que decaiga su motivación. Hablaremos de ello extensamente más adelante, con la vista puesta en cómo podemos ayudarles desde casa a encontrar sentido a lo que aprenden en los centros.

3) El desinterés por el futuro académico y profesional

Los adolescentes perciben el futuro postestudios como algo lejano y que de momento no debe preocuparles. Hay dos motivos posibles: por un lado, se ven a sí mismos como invencibles frente a los problemas de la vida real, en parte debido a la configuración de su cerebro en ese momento vital; por otra parte, se sienten muy protegidos por la familia y las instituciones.

Esta protección se despliega en dos frentes:

- En primer lugar, los adolescentes no acaban de creer necesario marcharse de casa lo antes posible a vivir por su cuenta. Por supuesto que lo preferirían, pero también saben que este proyecto requiere bastante dinero y lo ven lejano. En casa están muy bien atendidos y disfrutan de tantas libertades y opciones que no sienten el ansia que habían experimentado generaciones anteriores para obtener ingresos suficientes y así poder encontrar un lugar propio donde vivir una vida más plena y con más libertades.

- En segundo lugar, obtener buenos resultados académicos hoy no solo no tiene el prestigio que tenía hace varios años —y que sigue teniendo en otros países, como Francia o Italia—, sino que algunas familias no están de acuerdo en que sus hijos sean presionados con exigencias académicas. Por ejemplo, hay familias que cuestionan la existencia de las calificaciones para evitar sentimientos de incapacidad o inferioridad. Y si bien es cierto que las notas tienen efectos perversos, como que a menudo los jóvenes se esfuerzan a aprender por aprobar y no por saber, también es cierto que para muchos estudiantes las calificaciones son una gran fuente de estímulo. Y esto es así porque las notas permiten ver el esfuerzo plasmado en un resultado. De lo contrario, no podrán ver reconocido ni traducido este esfuerzo académico, ya que solo tendrá resultados a largo plazo, cuando les sirva para realizar un trabajo bien hecho. Si las familias no dan importancia a los resultados porque no quieren esa presión, esa fuente de estímulo para el esfuerzo académico deja de existir.

En las aulas, entre el alumnado, sacar buenas notas puede incluso ser socialmente castigado: los estudiantes más interesados o más trabajadores, que participan o estudian mucho, a veces son despreciados (un fenómeno que se ha dado siempre, pero que ahora va en aumento).

Sea por lo que sea, el estudiante de Secundaria cada vez encuentra menos estímulos para esforzarse, sacar buenas notas y así complacerse a sí mismo, recibir el reconocimiento de los docentes y satisfacer a la familia, porque socialmente los resultados académicos son cada vez menos relevantes y tienen menos prestigio.

4) El cerebro adolescente

A la desmotivación del adolescente por los estudios también contribuye la composición de su cerebro. Un par de apuntes sobre esta cuestión biológica son esclarecedores y, posiblemente, también tranquilizadores.

Ante todo, lo más importante: al cerebro adolescente le falta un hervor. Literalmente, podemos decirlo en serio. Si le decimos a un adolescente «Te falta un hervor», es científicamente correcto, porque el suyo es un cerebro que está en proceso de construcción, que aún está por acabar de consolidarse biológicamente, que todavía no se ha «cocido» al punto que debería, en otras palabras. En definitiva, le falta un hervor todavía... y se encuentra, de hecho, en plena ebullición.

Durante el «hervor» se va generando una sustancia blanca llamada mielina, que es justamente lo que le falta al adolescente. La maduración del cerebro es el proceso por el que la materia gris pasa a ser blanca. Lo explicaré resumidamente: en la infancia la materia cerebral es toda gris. Durante la adolescencia, la mielina, que es de color blanco, va recubriendo progresivamente los axones de las neuronas (las colas que las conectan unas con otras), que hace que los impulsos eléctricos se transmitan más rápidamente. Está hecha de proteínas y grasas y a medida que va recubriendo el cerebro mejoran capacidades como la memoria y otras que entran en juego para estudiar. Al final de la niñez los neurólogos hablan de un cambio de estructura cerebral. Existe una especie de «poda» de las ramificaciones, en la que se elimina lo superfluo para establecer nuevas conexiones, y es en este momento que comienza el recubrimiento de mielina, el blanqueamiento del cerebro.

El recubrimiento de los axones es un proceso progresivo que va por partes, como una ola que va recubriendo en distintos momentos las diferentes áreas. Las que maduran primero son las responsables del movimiento, en un segundo estadio las áreas sensoriales, después las intelectuales y finalmente maduran las áreas emocionales. Así pues, las áreas que más tardan en recubrirse de mielina son las de la corteza prefrontal, que son las que se ocupan del control de los impulsos y de la toma de ciertas decisiones. Para abreviar, podríamos decir que la corteza prefrontal es el área del juicio. Y es la última en madurar, la que en la adolescencia todavía no está madura. Esto es lo que causa que a veces a los adolescentes les parezcan del todo lógicas y razonables actitudes que cualquier adulto encontraría una tontería.

¿Qué es la motivación?

La motivación es el impulso de satisfacer las necesidades. Viene del latín *motivus*, cuya raíz es el verbo *movere*, que significa «mover de un sitio a otro». La motivación es lo que tiene la capacidad de mover. Para querer hacer algo debe haber un motivo, del tipo que sea, porque si no hay motivos, algún elemento que nos mueva a hacer algo, no nos moveremos, no tenemos motivación.

Existen dos tipos de motivación:

- Intrínseca: relacionada con la satisfacción que produce una actividad por sí misma.
  Si tenemos semillas para sembrar y sembramos porque nos encanta hacerlo, lo hacemos con una motivación intrínseca.
- Extrínseca: relacionada con la satisfacción que producen estímulos externos.
  Si tenemos semillas para sembrar y las sembramos porque nos pagan por hacerlo, lo hacemos movidos por una motivación extrínseca.

Los estudiantes pueden tener motivaciones intrínsecas y extrínsecas para estudiar. Entre las primeras está el hecho de aprender en sí mismo como fuente de placer o encontrar satisfacción en la realización de las actividades escolares. Entre las motivaciones extrínsecas se encuentran conseguir buenas notas, evitar castigos, pasar de curso o el reconocimiento.

Cuando es necesario animar a estudiar, lo ideal es fomentar la motivación intrínseca. Es bueno que un estudiante encuentre interés en el saber. Para que así sea, normalmente debe haber una buena pedagogía aplicada. Si esta no existe, es difícil que toda la motivación de un chico o chica entre doce y dieciocho años pueda ser intrínseca. Y entonces debe haber alguna motivación relacionada con los objetivos. Aunque la motivación extrínseca es una lástima cuando se trata del aprendizaje (estudiar para aprobar, obtener un premio, evitar una represalia o una pérdida), no deja de ser una motivación posible.

También puede haber objetivos intermedios entre los intrínsecos y los extrínsecos: uno puede sembrar semillas porque quiere obtener tomates, lo que le comporta satisfacción personal y a la vez buenas ensaladas. Sería ideal que las familias pudieran traspasar esta motivación a los hijos que estudian. Pero ¿cómo?

Factores para reforzar la motivación

Me propongo a continuación explicar los nueve factores que pueden hacerlo posible. Cada uno en una medida diferente, según el adolescente y sus circunstancias, puede contribuir a que encuentre estímulos y razones para sentirse motivado —con ganas de moverse— en el terreno de los estudios. Dichos factores son los siguientes:

1. La responsabilización.
2. La organización.
3. El interés y el sentido en el presente.
4. La participación.
5. El interés de la familia.
6. La relación familia-centro educativo.
7. La valoración de los estudios.

8. La recompensa inmediata.
9. La comunicación.

Según el momento en que se encuentre el joven, su carácter, sus experiencias anteriores y la educación recibida, cada factor tendrá un peso u otro. A continuación te ofrezco ideas sobre la manera de maximizarlos:

1) La responsabilización

Hacer sentir al chico o chica responsable de su aprendizaje es el primer factor motivador. Cuanto más responsable se sienta de su propio progreso, más dispuesto estará el adolescente a hacer frente a los obstáculos que encuentre por el camino.

Esto es así porque la motivación es una emoción: uno «se siente» motivado. Como tal, se deriva de un pensamiento. La neurociencia nos explica cómo las emociones tienen una relación directa con el aprendizaje. Funciona así:

Pensamiento → Emoción → Actitud
(Hechos que conducen a resultados)

Primero existe la relación entre pensamiento y emoción, ya que las emociones arraigan en pensamientos que son los responsables de estas. Un pensamiento agradable o favorable a nuestros intereses comporta una emoción positiva y uno desfavorable comportará una emoción negativa. Por ejemplo: si piensas que Mercedes quiere seducir al hombre del que estás enamorada, puede que sientas una emoción negativa hacia ella. Si piensas que quiere ayudarle, tendrás hacia ella una emoción positiva.

Luego está la relación entre la emoción y la actitud: si tienes una emoción negativa hacia alguien o algo, lo más probable es que tu actitud también lo sea, y al contrario. Siguiendo con el ejemplo: si tienes una emoción negativa hacia Mercedes porque piensas que quiere seducir al hombre del que te has enamorado, no la invitarás a cenar con vosotros. Si la emoción hacia ella es positiva porque piensas que quiere ayudarle, sí la invitarás. Tu actitud es fruto de tu emoción, que es a su vez fruto de tu pensamiento.

Si un estudiante cree que los resultados dependen de sí mismo, se siente más empujado a trabajar y lo hace mejor. Sin embargo, si piensa que los resultados son en parte explicables por sus circunstancias, por la arbitrariedad de los profesores o por la suerte, tenderá a trabajar menos. Así lo explica la teoría de la atribución de Weimer, que dice que si un estudiante atribuye los logros y los fracasos a causas internas, tiene todas las probabilidades de mejorar, de organizar su conducta para conseguir logros y evitar fracasos. Si, en cambio, el éxito o fracaso se atribuyen a causas externas, la motivación desaparece.

Sabiendo esto, ¿qué podemos hacer como familia?

Será importante acostumbrarlos a pensar que el locus de control es interno y no externo, es decir, que las cosas que nos ocurren durante la trayectoria académica dependen más de nuestra habilidad y esfuerzo que del entorno y la suerte.

Es justo explicarles que existen causas del éxito que son controlables y otras que no. Las habilidades innatas y la suerte, que también pueden desempeñar su papel, no son controlables. Pero el esfuerzo, sí. Este es un factor que pueden controlar y que es clave.

El esfuerzo, cuando queremos hacer responsable al adolescente, debe exigirse sin paliativos. Estudiar implica horas de dedicación en el centro y en casa, y debemos asumir que, aunque es verdad que los hijos están cargados de actividades escolares y extraescolares, esto no va en detrimento de su bienestar. Los hijos tienen todas las necesidades cubiertas y la formación revierte en su beneficio; por lo tanto, querer ahorrarles esfuerzos académicos sería sobreprotegerlos.

Es necesario ser empáticos y exigentes a la vez. Podemos hacerlo con frases como:

—Debes estar cansada y aún te falta ponerte con el trabajo que tienes para la próxima semana… Qué lata, entiendo la pereza que da en un momento como este. Yo te animo: te estás esforzando mucho estos días, a este paso seguro que lo acabarás a tiempo.

Hay que acentuar que el trabajo del instituto es «su trabajo», al igual que los adultos tenemos el nuestro, y que el chico o chica no tiene ninguna responsabilidad tan importante como hacerlo bien.

Los padres y las madres sabemos que la didáctica de algunas clases no es la mejor posible, que la forma de hacer de algunos docentes no ayuda a despertar interés ni ganas de trabajar. Pero echar la culpa de la falta de interés o de resultados a lo que ocurre en el centro educativo, aunque sea justo, no es efectivo para ayudar al adolescente; al contrario, porque le resta responsabilidad y no pasa a considerarse parte de la solución, sino víctima de un problema.

En definitiva, es necesario dejar claro a los hijos que los resultados son responsabilidad suya y que dependen de su dedicación.

2) La organización

Ya hemos visto que el cerebro adolescente es inmaduro y que hay capacidades que aún deben desarrollarse. También hemos dicho que después de la infancia el cerebro se deshace de ciertas conexiones. Esto implica que los adolescentes sufran ciertas incapacidades temporales que indican lo favorable que puede ser ayudarles a organizarse. ¿Cómo podemos hacerlo?:

a. Facilitando las condiciones. Es importante que tengan tiempo y espacio destinados únicamente a estudiar. Y que no se distraigan con el móvil mientras realizan tareas académicas.

b. Si son muy desorganizados, en los primeros cursos los padres pueden interesarse por saber «qué debes hacer hoy» y pedir que muestren los deberes una vez terminados.

Las familias con adolescentes tienen hoy un nuevo problema grave relacionado con la conexión a internet (y en especial con las redes sociales). El tiempo que pasan conectados o la atención que les absorbe son cuestiones tratadas en otro capítulo. Aquí, en cualquier caso, un énfasis más en la necesidad de ayudarles a poner límites. Si los chicos y chicas no saben autolimitarse, necesitan tu ayuda para poder hacerlo. Ayúdales a limitar las distracciones a la hora de estudiar con pactos o con instrumentos de control parental.

3) El interés y el sentido en el presente

Independientemente de la finalidad última (para qué se trabaja o para qué se estudia), lo que se aprende debe despertar un interés en el presente, y eso, cuando uno es joven y no tiene perspectiva del futuro, solo ocurre cuando lo que se aprende responde a la curiosidad o cuando el estudiante siente que lo que aprende tiene alguna relación con su vida personal o bien es importante para la vida social.

Muchos estudiantes sienten que lo que deben aprender no tiene relación con su vida y la falta de sentido les desmotiva. Cuanto más importante parece lo que deben aprender, más ganas tienen de aprenderlo. La percepción de la relevancia es de suma importancia para despertar la motivación. Cuando una tarea no se percibe como relevante, enseguida se busca la manera de quitársela de encima con el mínimo esfuerzo (pasa en todas las edades).

Por ello, el aprendizaje debe ser lo más significativo y conectado con la vida posible. Para ayudarle a conectarlo, los adultos (docentes y familias) pueden esforzarse en explicar en qué contexto se utilizan determinados conocimientos. Por ejemplo, si saben qué están estudiando en ese momento, los padres pueden decir cosas como:

—Estas ecuaciones las utilizan los ingenieros para calcular qué peso pueden aguantar las vigas.

—Esta fórmula la utilizan los jardineros para saber cuánta agua cabrá en un depósito.

—Esta información la necesitan los ciclistas para saber cuántas horas deben entrenarse al nivel del mar para poder pedalear a mil metros de altura.

—Leer esta novela es muy importante para entender cómo funcionan las relaciones de pareja.

—Saber los nombres de los músculos es imprescindible para los fisioterapeutas y entrenadores deportivos. Y además es cultura general.

—Saber situar los países en el mapa es imprescindible para entender cómo funciona el mundo, los conflictos entre países y las relaciones económicas entre ellos.

Se busca aprender cosas útiles. Si se perciben las utilidades de lo que se aprende, a corto o largo plazo, aumenta la probabilidad de que el interés y el esfuerzo crezcan.

Hay un bonito cuento que habla del sentido que uno da a lo que hace.

Érase una vez una mujer que pasó junto a una cantera de la que extraían la piedra para una catedral que debía construirse cerca de allí. Vio que trabajaban varios obreros a pleno sol, sudados y extenuados.

Preguntó a uno de ellos qué hacía allí.

El hombre, exhausto, respondió:

—Arranco piedras.

La mujer le hizo la misma pregunta a otro obrero.

Este lo pensó un momento y le contestó:

—Preparo el material para que puedan hacer paredes.

La mujer le preguntó lo mismo a un tercer obrero.

El obrero tomó aire y dijo:

—Construyo una catedral.

Ojalá podamos transmitir a los hijos la idea de que con su esfuerzo construyen algo con sentido que les ilusione a trabajar.

4) La participación

Cuando hacemos de peones en un proyecto ajeno, normalmente el resultado no nos importa tanto como si trabajáramos para un proyecto propio o que compartimos. Imagina que te dicen:

«Coge ladrillos y haz una pared», y a ti lo que hagan con esa pared ni te va ni te viene. No es lo mismo que si has decidido que quieres fabricar un gallinero de obra, por lo que tomas la decisión de coger ladrillos y hacer la pared. Lo haces con más convicción e ilusión porque has contribuido a decidir que hay que hacerlo de esa manera, y te sientes más comprometido. Y la pared subirá más recta.

Para sentir el aprendizaje como interés propio va bien contribuir a organizarlo y a evaluarlo. El estudiante debe definir sus metas y elaborar su propio plan de trabajo. La familia puede ayudarle a elaborarlo y evaluar periódicamente sus resultados.

A principio de trimestre puedes sentarte con tu hijo y plantear juntos cuáles son los objetivos y cómo harán para cumplirlos. Y cada dos semanas os podéis sentar de nuevo para evaluar cómo está funcionando el plan de trabajo. Pregúntale cómo le puedes ayudar, si quiere que le hagas recordatorios o no, dejando que sea él quien dirija su proyecto de trabajo. Demuestra que le das confianza y que esperas mucho de él. No es lo mismo decir:

—Hum. Ya veremos si saldrás adelante, tengo mis dudas…

Que decir:

—A mí me parece que puedes salir adelante. Confío en ti. A finales de trimestre lo celebraremos.

La confianza y las expectativas de los padres, junto a los demás factores de este conjunto, ayudan a creer más en las propias posibilidades por parte del adolescente.

5) El interés de la familia

No es necesario estar al corriente de todo, no es necesario controlarlo al milímetro y, más aún, hay que tener cuidado de no ser los secretarios académicos de los hijos. Solo en los primeros cursos de

Secundaria, y si son muy desorganizados, deberíamos preguntar «¿Qué tareas tienes?» y comprobar si las han realizado o no.

Lo que sí es necesario, de vez en cuando, es mostrar interés por lo que están aprendiendo, con preguntas como:

—¿Qué estáis haciendo ahora mismo en Historia? A ver, ¿qué es lo último que habéis leído?

—¿Qué es lo que más te gusta? ¿Y lo que menos? ¿Por qué?

—¿Qué es lo más difícil? ¿Y lo más aburrido?

—¿Cuál es, según tú, el mejor profesor o profesora? ¿Por qué es el mejor? ¿Y cuál es el más divertido? ¿Y el más serio?

—¿Cómo ha ido el examen? ¿Qué comentarios te han hecho al trabajo?

—¿Con quién haces el proyecto?

Hay que preguntar a menudo. Cuando los chicos y chicas ven que los padres quieren estar al corriente, tienden a conectarse mejor con lo que hacen. Además, estas preguntas mantendrán vinculados a los padres con los hijos también a través de su experiencia académica.

6) La relación familia-centro educativo

La vinculación de la familia con el centro educativo es un factor de motivación y de éxito escolar. Así lo han sabido ver desde hace unos años la sociología, la pedagogía y la psicología sistémica, que han mostrado que el hecho de que la familia sea cercana a la escuela o el instituto, que haya una buena alianza, es una condición más para los buenos resultados.

Cuando el alumno ve complicidad y colaboración entre padres y profesorado siente que existe solidez en el equipo de apoyo a su papel de estudiante. Si la relación es escasa o de desconfianza mutua, los buenos estudiantes con motivaciones intrínsecas fuertes salen igual de bien, pero los que necesitan más motivaciones flaquearán. Cuanto más vinculados ven a los padres con el centro, más partícipes se sienten ellos del centro educativo y de todo lo que sucede allí.

Así pues, es bueno que la familia colabore todo lo posible con el centro. Formad parte de la AFA (Asociación de Familias del Alumnado), asistid a todos los encuentros que se propongan, formad parte de las comisiones abiertas a la participación de las familias.

En paralelo a la participación colectiva, es necesario conocer al tutor y, a ser posible, a otros profesores, y que los hijos sepan que nos reunimos o tenemos contacto con ellos lo más a menudo posible, al menos una vez cada trimestre. Concertar un primer encuentro personal poco después de empezar el curso hará que los hijos puedan hablar del tutor y del espacio sabiendo que los conocemos. Mucho mejor aún si el hijo o hija puede estar presente, al menos durante una parte de la reunión. Que se sienta involucrado y comprometido por todo lo que allí se dice, que participe como protagonista. Esto también tiene que ver con la participación (factor 4).

Ante el hijo o hija estudiante, es muy importante valorar al docente y no cuestionarlo. Si bien no se puede defender lo indefendible, en caso de ser críticos con el docente podemos abstenernos de valorarlo delante del adolescente, o al menos debemos seguir trasladándole la idea de que la responsabilidad de los resultados es cosa suya, no del profesor o profesora.

7) La valorización de los estudios

A menudo los adolescentes constatan que sus referentes y muchos de los que «triunfan» en nuestra sociedad son ricos y populares no por méritos intelectuales sino por lo que hacen en internet o en los *mass media*: jugar a videojuegos, promocionar un estilo de vida o vender su imagen. Este es un factor de desvalorización de los estudios, que para muchos chicos y chicas no son la vía para obtener lo que valoran. Así pues, ¿cómo combatir la desvalorización?

Podemos hacerlo mediante una política activa de valorización de los estudios. Para conseguirlo, es necesario decir cosas como:

«Quien estudia mucho quizá no gana mucho dinero, pero:

- Puede estar muy satisfecho de sí mismo y de su mérito.
- Sabe muchas cosas que le dan satisfacción personal.
- En caso de encontrar un trabajo, tiene menos posibilidades de perderlo, porque cuando llega una crisis los trabajos que desaparecen primero son los menos calificados».

A veces, el escepticismo de la familia se contagia sin darnos cuenta y sin querer. Ocurre cuando los hijos oyen comentarios como «Estudian tanto, y luego nada», «Los graduados hacen de taxistas», «En este país estudiar mucho es sinónimo de tener que irse al extranjero para trabajar», etc.

Es cierto, como hemos comentado antes, que la escuela ya no puede garantizar su antigua promesa de promoción profesional y económica individual, pero si desde casa damos por hecho que estudiar no solo no es garantía de ningún tipo de progreso, sino que incluso puede implicar el exilio… todavía desmotivamos más.

8) La recompensa inmediata

El cerebro de los adolescentes tiene una gran sensibilidad a la dopamina, un neurotransmisor que se relaciona con los circuitos de la gratificación y tiene un papel importante en el control de la atención. Por eso los adolescentes dan mayor importancia a la recompensa que a los riesgos que corren cuando experimentan algo nuevo.

Por esa causa, los videojuegos y las redes sociales, diseñados para ser muy atractivos e incluso adictivos, funcionan con un refuerzo cada poco tiempo. Buscan activar los mecanismos de la gratificación provocando descargas de dopamina frecuentes que, al tener efectos poco duraderos, volvemos a buscar al poco tiempo. En el caso de los videojuegos, los refuerzos son los puntos que se suman, las pantallas pasadas, las ganancias logradas. En el caso de las redes sociales, los *likes* y las interacciones. Los refuerzos frecuentes hacen que la experiencia sea satisfactoria y queramos seguir.

Aunque es necesario aprender a diferir la gratificación —y precisamente los estudios tienen el resultado a largo plazo—, conseguir refuerzos frecuentes durante el proceso de aprendizaje es importante para ir alimentando la motivación.

Los refuerzos frecuentes deben venir en forma de pequeños logros: desde el centro, ejercicios sencillos y rápidos de realizar que conllevan una buena calificación. Desde casa, felicitaciones y nuevos derechos. Un trabajo bien cualificado, por ejemplo, puede comportar una felicitación y, de rebote (de rebote, no como una zanahoria prometida), volver a casa una hora más tarde el viernes por la noche.

Estos refuerzos o recompensas, que también pueden entenderse como premios, deben diseñarse a medida de los hijos, sabiendo bien qué cosas son importantes para ellos. Muchos padres se lamentan de que su hijo o hija solo «se mueve» a base de «zanahorias» o para evitar quedarse sin tecnología.

Teniendo en cuenta lo que decíamos en el apartado sobre la motivación respecto a las motivaciones extrínsecas, pequeños «premios» o refuerzos positivos no son malos si el alumno carece de motivaciones intrínsecas y los interpreta como meros incentivos. Y, si es necesario, incluso se puede llegar a pactar que las horas de ocio electrónico se concedan en función de las horas de dedicación intensiva al trabajo. Al fin y al cabo, el ocio es un privilegio y una recompensa al trabajo realizado.

El problema es cuando la principal motivación de trabajar viene de incentivos como premios materiales o no quedarse sin móvil. El esfuerzo y el aprendizaje pueden percibirse como útiles o inútiles en función de los beneficios externos que permitan conseguir: recompensas materiales o sociales. Por lo tanto, si en un momento dado no encuentran beneficios externos, eso puede provocar la falta de motivación.

Por eso la técnica de utilizar recompensas externas para motivar al estudiante debe reducirse al mínimo y solo utilizarla cuando sea estrictamente necesario. De hecho, que la motivación primaria para aprender sean los incentivos externos, tales como premios o notas, puede ser negativo.

A su vez, es necesario reconocer que la evaluación es un arma motivadora muy eficaz que aumenta el rendimiento. Pero a menudo es un rendimiento generado por el trabajo mecánico, no tanto por un trabajo a conciencia que permita un aprendizaje significativo. Es decir: la amenaza de las malas notas puede tener efectos cualitativamente negativos sobre el aprendizaje porque uno solo aprende para aprobar, y luego se olvida.

En cambio, la satisfacción por las buenas notas aumenta las ganas de esforzarse por conseguir algo bueno, y no por evitar algo malo; y, a base de esforzarse y obtener satisfacción de este esfuerzo, a uno puede acabar gustándole el hecho de aprender *per se*. Por lo tanto, el estímulo de recompensar las buenas notas es mejor que el de castigar por las malas. Ante las malas notas debe estudiarse qué está pasando y reducir los factores de distracción. Disminuir las horas de videojuegos, por ejemplo, puede ser de ayuda si se dedica ese tiempo a estudiar. No se trata de un castigo, sino de una solución temporal que ayude a recuperar los resultados.

Luego está el hecho de constatar la propia competencia, la convicción de que «lo conseguiré». Si ves que tu hijo o hija tiene dificultades en alguna materia, procura que tenga un apoyo rápido. No es necesario que sea de pago; puedes hablar con el profesor y pedir que le preste más atención. En otras palabras, es cuestión de facilitar experiencias exitosas, porque la motivación depende también de las experiencias previas.

Elogios

Puede motivarse a través de los elogios, que también son una forma de recompensa. Está probado el resultado del refuerzo positivo como motivador del aprendizaje humano (y animal en general). Cuando no se pueden elogiar los resultados, se puede elogiar lo que se hace para conseguirlos, que es la dedicación y el esfuerzo, con frases como:

—Te estás esforzando todos los días y eso tiene valor.

—El tiempo que estás dedicando ya merece un aplauso.

—Estás trabajando mucho y quiero que sepas que me parece muy loable.

9) La comunicación

En la adolescencia hay cambios en las áreas del cerebro responsables del autocontrol o la empatía. Esto suele comportar problemas en las relaciones familiares. ¿Quién no sufre las malas respuestas o los actos egoístas? Como familia, debemos saber convivir con esto e irlo reconduciendo poco a poco, aprender a hablar con los adolescentes con calma, a resolver conflictos de forma que aprendan a negociar, y a explicarles cómo nos sentimos los padres. También tenemos que enseñarles a considerar el efecto de su conducta sobre las demás personas.

Asimismo, debemos hablar con ellos en confianza de lo que les ocurre. Esto es relevante, porque las situaciones emocionales de sus vidas interfieren en los recursos mentales que dedican al aprendizaje (no estudias tanto si estás disgustado por un amor no correspondido, por ejemplo). Poder hablar y descargarse un poco ayuda a sentirse mejor y trabajar más.

Aprenderemos formas para generar confianza y complicidad gracias a algunas de las estrategias de la segunda parte.

PARTE II
ESTRATEGIAS PARA EVITAR, VIVIR Y RESOLVER LOS CONFLICTOS CON LOS ADOLESCENTES

Esta segunda parte del libro está destinada a añadir estrategias a las ofrecidas anteriormente. Si hasta ahora hemos comentado lo que podemos hacer ante el desorden persistente, los riesgos que corren los adolescentes y la desmotivación para estudiar, a partir de este punto encontrarás formas de actuar ante las fricciones más comunes, los encontronazos de la convivencia habitual, tan frecuentes debido a la condición adolescente (es decir, debido a la retahíla de adjetivos que le corresponden sugeridos en la portada del libro).

Evitar, vivir y resolver los conflictos

Cuando se habla del conflicto entre padres y adolescentes se suele hablar sobre todo de cómo evitarlo. La mayoría de las recomendaciones para familias se enfocan en la prevención: cómo hacerlo para convivir sin demasiadas tensiones, entendiendo y respetando el momento vital y la forma de ser de los chicos y chicas.

Esto es muy importante, y por eso el primer objetivo de esta segunda parte es proporcionarte muchas estrategias para conseguirlo, prácticas y de resultados inmediatos. Pero las estrategias para evitar los conflictos no son suficientes porque, a pesar de nuestras mejores intenciones de convivir en paz, los conflictos se presentan inevitablemente; así que, además de saber cómo evitarlos, es necesario saber vivirlos y resolverlos.

¿Qué significa «vivir» los conflictos?

Cuando hablo de vivirlos, me refiero a que hay que saber sostener los conflictos, pues desde que se inician hasta que se resuelven puede pasar un tiempo (horas, días o semanas). Si no queremos ceder cada vez que se presenta una situación conflictiva, deberemos aprender a mantenernos en pie durante este tiempo de una manera sana y tranquila.

Sostener un conflicto no siempre es fácil, sobre todo si nos afecta emocionalmente, y para ello es necesario tener herramientas que nos permitan transitar por el tiempo conflictivo de la forma menos dolorosa para todos y más educativa posible para nuestro hijo.

No se trata solo de saber mantenernos para no ceder siempre (pues ceder nos llevaría a una sensación de desistimiento constante y, finalmente, de derrota), sino que se trata de saber mantenernos serenos y de no dejar que nuestro bienestar emocional quede dañado por el choque con los hijos.

En mi consulta son muchos los padres y madres que me piden ayuda ante actitudes de los hijos que no pueden cambiar. A veces trabajamos en una línea que provoca cambios en el comportamiento del chico o chica, y en otras el trabajo se dirige a ayudarles a protegerse del malestar que este comportamiento les genera. Muy a menudo es necesario trabajar en ambas direcciones: para modificar lo que hacen los jóvenes y para que la vivencia de los padres y las madres de lo que está pasando sea soportable e incluso feliz.

En el capítulo sobre la vivencia de los conflictos, os plantearé una serie de estrategias destinadas a vosotras, las personas mayores de la familia, para soportar con deportividad —o, al menos, con tranquilidad— el tiempo que dura un conflicto con un adolescente, sin que hierva la sangre.

Resolver los conflictos

Para resolver el conflicto será necesario llegar a acuerdos que permitan seguir conviviendo con alegría y serenidad. El tercer capítulo de esta parte contiene herramientas para gestionar y resolver ciertos conflictos concretos, pero también para aprender a afrontar otras dificultades similares y así evitar que perjudiquen la convivencia una y otra vez.

Como mediadora de conflictos entre padres y adolescentes, trabajo en la construcción de acuerdos a través del diálogo. Debe ser un diálogo bien construido, basado en premisas como la buena voluntad y la capacidad, y para sostenerlo es necesario aprender o, a menudo, acudir a la ayuda de un tercero. Los adolescentes, en su imperioso deseo de ser considerados casi adultos de pleno derecho, agradecen la consideración que tienen en una mesa de mediación y suelen responder de acuerdo con las expectativas. Y, sin embargo, no siempre cumplen lo acordado. Acompañarles para mantener los acuerdos es tan importante como llegar a ellos, por lo que habrá que velar por su cumplimiento con estrategias adecuadas.

Aquí encontrarás, en primer lugar, ideas prácticas para evitar los conflictos educando con serenidad; en segundo lugar, ideas y técnicas para gestionar el conflicto cuando ya ha estallado y vivido, y finalmente ideas para llegar a una buena resolución.

CAPÍTULO 7

ESTRATEGIAS PARA EVITAR EL CONFLICTO

Las estrategias variarán en función de la naturaleza de lo que haya que hacer, por eso te propongo unas cuantas muy variadas. Sirven para afrontar los retos de la vida cotidiana en familia dando una respuesta educativa y serena, que nos permita acompañar mejor el proceso de nuestros hijos hacia la madurez y cuidar nuestra tranquilidad, evitando que las situaciones acaben en discusiones.

Hay dos tipos de estrategias y las encontrarás agrupadas en dos bloques:

- Las comunicativas: tienen que ver con la forma de decir las cosas.
- Las prácticas: tienen que ver con la organización.

Ponedlas en funcionamiento el día que deseéis que la relación entre tú y tu pareja y vuestros hijos empiece a mejorar. Mi consejo es que elijáis una o dos estrategias y las practiquéis durante varios días. Observarás que las cosas comienzan a cambiar. Puede que al principio no salgan bien del todo, por falta de práctica o porque la inercia que tenemos a la hora de hacer las cosas es muy fuerte y al principio puede costar cambiar de sistema. Pero, aunque no salgan del todo bien, insiste en las técnicas: verás como pronto dan resultado. Una vez os hayáis acostumbrado a utilizar una o dos, incorporad una o dos más, y así sucesivamente. Te aconsejo que, para que sea más fácil pensar en ello, pongas recordatorios en lugares estratégicos.

BLOQUE 1 DE ESTRATEGIAS PARA EVITAR LOS CONFLICTOS: MÉTODOS COMUNICATIVOS

Cualquier relación entre personas se construye a través de dos factores:

- Las acciones que hacemos (y, ojo, la lectura que los demás hacen de estas acciones).
- La comunicación verbal y corporal (es decir, las palabras, el tono en que las decimos, la posición del cuerpo, la expresión de la cara).

La forma de comunicarnos tiene la capacidad de modificar los vínculos que tenemos con las demás personas. Por eso es tan importante que seamos conscientes de ello y controlemos la forma en que nos dirigimos a ellas, porque esto determinará el resultado de la interacción, es decir, de lo que pasará entre nosotros y de cómo nos sentimos el uno con el otro.

Por este motivo, podemos hablar de «palabras mágicas». Aunque unas más que otras, todas las palabras lo son: decirlas o no decirlas, y decirlas de según qué modo, tiene efectos diferentes y produce situaciones diferentes. Si podemos aprender su arte, podremos transformar la relación con los hijos a nuestro gusto.

A menudo hacemos lo que hemos aprendido en casa. Sin querer, las voces de nuestros padres y madres se nos imponen y repetimos lo que nos dijeron. Aunque no nos gusten, hemos incorporado como automatismos frases del tipo «Contigo no hay nada que hacer», «¿No aprenderás nunca?», «Haces cosas tan estúpidas que no me extraña que tengas problemas» o «Hay que ser tonto para no ver lo que tienes delante de las narices». No se lo diríamos a un compañero o a un amigo al que respetáramos profundamente en el fondo y en la forma, pero lo decimos a los hijos por la confianza que les tenemos, a veces por la frustración que nos generan sus actitudes y, sobre todo, debido a los aprendizajes que hemos recibido en el marco de las familias de origen.

Si no queremos reproducir estos esquemas comunicativos, evitémoslos. Tomar conciencia es el primer paso. Ensayar otras fórmulas, el segundo. Prueba las estrategias comunicativas que te propongo a continuación para evitar conflictos y tener relaciones más fluidas y más educativas. Debo advertir que no siempre dan el resultado esperado (aunque te sorprenderá la cantidad de veces que funcionan de maravilla), pero al menos son siempre respetuosas y enseñan, en sí mismas, una forma de relacionarse que los adolescentes podrán aprender de sus padres para comunicarse mejor con sus propios hijos en el futuro.

Es verdad que conseguir dominar la magia de la palabra exige un tiempo de práctica y concentración, como lo necesita un mago para fascinarnos y manipular las percepciones del público con sus artes manuales. Pero, aunque no seamos maestros en ello, después de este bloque de estrategias sí dominaremos algunos efectos muy útiles para tener relaciones con los hijos más tranquilas y agradables. Podremos hacernos comprender y conseguir que quieran colaborar, que vayan (un poco) menos a lo suyo y, en definitiva, llevarnos mejor.

ESTRATEGIA PRIMERA Y PRIMORDIAL
LA FRESCURA

Decir las cosas «de pasada»

—¡Ya has vuelto a dejar la cocina hecha un asco como siempre que preparas la comida! ¡Parece mentira que te lo tenga que decir cada vez...!

Imagínate que este comentario te lo dice tu pareja o un compañero de piso. No es muy agradable, ¿no? Quizá incluso da ganas de responder con una pulla, como:

—¡Y aún da gracias que cocino!

Cuando nos sentimos cuestionados (criticados, acusados, señalados), tendemos a defendernos y, no falla, la mejor defensa es un buen ataque.

En el caso de los adolescentes, que tienen la susceptibilidad a flor de piel y a menudo están alterados (según el día que hayan tenido), la cosa se acentúa. Y es que son muchas las veces que hacen las cosas medio mal, y por lo tanto son muchas las veces que les cuestionamos. Algunos tienen la sensación de que sus padres solo hacen eso, cuestionarlos.

El truco para que no tengan la sensación de que siempre les vayamos detrás con lo que debe hacerse es *no focalizar la comunicación en lo que hay que hacer o lo que está pendiente de hacer.* Cuando sea necesario que hagan algo, como retirar el plato de la mesa, tender la toalla u ordenar objetos, *no lo digas de forma molesta, quejosa, insidiosa, con tono de reproche, insistente.* Las indicaciones que mejor funcionan son las que se dicen con un *tono fresco, ligero.* Una indicación como:

—Toni, ya que vas a la habitación, tiende la toalla del baño, ¡por favor, guapo!

Funcionará mucho mejor que decir:

—¡Ya has vuelto a dejar la toalla en el lavabo hecha un asco, haz el favor de tenderla ahora mismo!

También es más eficaz decir:

—¡En un periquete, recoge las tres o cuatro cosas que has dejado esparcidas al entrar, por favor, guapa!

Que no:

—¡Ya estás recogiendo todo lo que has dejado desperdigado cuando has llegado, que no hay derecho!

Quitar peso a las cosas que decimos que deben hacerse, indicarlas con un *tono de voz distendido o incluso un poco alegre*, como si las dijéramos a un compañero de piso y no a nuestro hijo, tiene un efecto muy interesante sobre la forma en que los chicos y chicas reciben las órdenes. Cuando las damos de manera incisiva y en tono de queja, ellos se resisten mucho más que cuando las damos «de pasada», como quien no quiere la cosa, como un recordatorio simpático o un tema de poca importancia.

Si tienes dudas, te invito a probarlo. Si piensas que si no pones un énfasis fuerte en lo que dices no te hará caso, pruébalo y te sorprenderás. Para pensar en ello, hazte ahora mismo una señal con bolígrafo en la mano: una F (de Frescura). Desde ese momento, en la primera ocasión que tengas, aplica la estrategia. Cuando veas, por ejemplo, que tu hija deja sobre la encimera de la cocina el cuchillo que ha utilizado para cortar una longaniza, cuidadosamente dispuesto junto a la piel del embutido (¡qué bonito queda, ahí en medio de la encimera limpia!), dile:

—Juana, ¿verdad que en un periquete harás que la encimera recupere su belleza poslimpieza?

Verás como si lo dices así, con la frescura que tiene la expresión «en un periquete», con un poco de humor y con la confianza de la expresión «¿verdad que…?», la piel de la longaniza irá rápidamente a parar a la basura y el cuchillo al fregadero. Tampoco esperes que lo lave con el estropajo, milagros no se pueden hacer... Pero si lo enjuaga, plántale un beso en la mejilla diciendo:

—¡Cómo me gusta vivir contigo!

Si tu hijo es inmune a los encantos de un mensaje dado con simpatía y cordialidad, hay otras estrategias para hacerle responsable de sus comportamientos. La siguiente es una gran fórmula para educar la libertad responsable. Les permite sentirse autónomos y es muy respetuosa con su libertad.

SEGUNDA ESTRATEGIA
«COSA TUYA»

No insistir cuando no somos nosotros los beneficiarios

¿Te suena un ejemplo de este tipo?

Padre/madre: —Pol, ya que Joana te ha invitado a su casa, llévale algo de postre.

Pol: —Paso. Allí siempre tienen helado.

Ante una respuesta así, es muy frecuente que los padres insistamos:

—Pol, ya que te ha invitado Joana, haz el favor de llevarle algo como detalle.

Y quizá aún añadamos:

—No puede ser que te presentes sin nada. Ella ha preparado el almuerzo para ti.

En definitiva, de una u otra forma insistimos en que el adolescente haga las cosas de una determinada manera, aunque los beneficiarios deben ser exclusivamente él y su amiga. Podemos ahorrarnos este tipo de insistencia, y esto hará que estemos todos más tranquilos: él y nosotros.[11]

TERCERA ESTRATEGIA
«¿CÓMO LO HACEMOS?»

Apelar a su imaginación

Si intuimos un conflicto porque nosotros necesitamos una cosa y ellos quieren otra que parece difícilmente compatible, es decir, en caso de conflicto de intereses, una salida muy educativa en la adolescencia —y también muy efectiva— es poner al adolescente en la tesitura de tener que encontrar una solución con su imaginación.

La forma de hacerlo consiste en preguntarles «¿Cómo lo hacemos?» después de haber explicado cuál es el conflicto. Actuando de esta forma quedará claro que nuestra voluntad no es imponer nuestra opción, sino buscar una salida al conflicto que respete los intereses de todos.

Imagina, por ejemplo, que tú y tu pareja habéis decidido ir a pasar un fin de semana familiar a la finca de los abuelos, donde también estarán los tíos. Tu hija adolescente prefiere quedarse en casa porque podrá ver a sus amigos, pero hace muchos meses que

---

11. Si los adolescentes todavía son muy jovencitos (hasta catorce años) y sufrimos por la imagen que damos como familia ante los parientes de Joana, podemos solucionarlo nosotros: compramos postres y hacemos que Pol se los lleve. O hacemos una llamada a los otros padres para agradecer la invitación, y tan tranquilos. Pero si el hijo tiene quince años o más, hagámonos cargo de que quien queda mal es él —no nosotros— y no queramos poner solución a lo que para él no es un problema. Lo que haga o deje de hacer es cosa suya, haremos bien en no meternos donde no nos llaman y quedarnos tan anchos.

no ve a los abuelos ni al resto de la familia, y esta sería una ocasión perfecta para coincidir con todos a la vez. En caso de que se resista a acompañaros diciendo que tiene sus propios planes y que no hace ningún daño a nadie si no comparte la actividad familiar, podríamos decirle:

—Entiendo que prefieras quedarte porque aquí te lo pasarás mejor. Seguramente tú también entiendes que a mí me gustaría que en la reunión de toda la familia no faltaras precisamente tú, y que vieras a los tíos y a los abuelos después de tanto tiempo. ¿Cómo lo hacemos?

Como puedes ver, lo primero es dejar claro que entendemos su posición y que esperamos que ella entienda también la nuestra. Después de haber resumido las dos posiciones —igual de comprensibles, según hemos dejado claro— es cuando ponemos la pelota en el tejado de la hija: «¿Cómo lo hacemos?». Con esta pregunta apelamos a su creatividad para encontrar una solución, la hacemos sentir *corresponsable* de encontrar una buena forma de resolver el asunto.

Cuando ponemos a los adolescentes en esta tesitura, se activan sus recursos. Algunas veces te sorprenderá la capacidad que tienen de encontrar salidas creativas. Puede que la hija diga, por ejemplo:

—Este fin de semana no voy, pero la próxima semana iré a comer a casa de los tíos y el próximo puente lo pasaré en casa de los abuelos, y de paso aprovecharé la tranquilidad para estudiar. ¿Te parece bien?

Otras veces también puede ser que la respuesta no sea tan complaciente, sino más del tipo «Te aguantas y yo voy a lo mío». Puede que la hija diga, por ejemplo:

—¿Que cómo lo hacemos? Pues tú te vas tan tranquila a la finca y les das recuerdos de mi parte.

En este caso lo mejor es posponer la conversación, porque este no es un buen momento para insistir. Mejor decir:

—Pues como hay que encontrar una solución que respete los intereses de ambas, por favor, piensa en ello y volvemos a hablar de aquí un rato.

Dicho esto, es bastante normal que los adolescentes respondan algo más, del tipo:

—No, no hace falta hablar de nada, ¡lo hacemos así y punto!

Cuando esto ocurre, te recomiendo que no respondas, porque contestar cualquier cosa implica entrar en una espiral de conflicto. Es mejor apartarse y dejar el tema para más tarde. Entonces podrás abordarlo con alguna de las otras estrategias.

Otro ejemplo de esta estrategia para evitar el conflicto:

Si hay que ir a buscar al abuelo al centro de día, podemos decir:

—En el centro de día cierran a las seis y ni mamá ni yo habremos terminado de trabajar.

En este punto, puede que el adolescente se dé cuenta de que le corresponde a él ocuparse del abuelo, y que se le ofrezca hacerlo (sin haberle tenido que mandar nada):

—Pues ya voy yo.

Pero si no lo hace, o si pregunta:

—¿Y qué quieres que haga?

Más que dar la orden directamente, estaría bien preguntarle:

—¿Crees que podrías hacer algo para ayudar?

Aunque esté claro que tiene que ir a buscar al abuelo, es mejor que sea el adolescente quien lo plantee, más que no ordenárselo. Esto es mejor que indicar directamente:

—Como el abuelo debe salir del centro de día a las seis, tendrás que ir a buscarlo tú.

A efectos prácticos es lo mismo pero, cuando uno es adolescente, poder contribuir a decidir la solución de un problema te hace más proclive a querer comprometerse con él.

CUARTA ESTRATEGIA
«¿ASÍ O ASÁ?»

Dejar elegir cómo hacer algo

Otra estrategia para dar menos órdenes, evitando así la resistencia del adolescente y la consiguiente frustración de los padres cuando cuesta que los chicos y chicas hagan lo que se les pide, es dejarlos elegir entre opciones limitadas. De esta forma pueden tener la sensación de que escogen qué hacer en un determinado momento, que tienen un margen de decisión, si bien los padres siguen regulando el comportamiento general. Se trata de una estrategia que transita de la obediencia a la libertad, buscando un punto óptimo en el que también los adolescentes puedan tener voz a pesar de tener prescrito, en términos generales, lo que hay que hacer.

Un ejemplo de esta estrategia podría darse en esta situación:

Imaginemos que el hermano menor de Fran va a la piscina los lunes y los miércoles y hay que ir a recogerlo. Una posibilidad es que papá o mamá lo vayamos a recoger los dos días, pero otra opción es que un día vaya papá o mamá y el otro día vaya Fran, un adolescente perfectamente capacitado para recoger a su hermano en la piscina municipal. Esta segunda opción, que implica hacer participar a Fran de las tareas familiares, es más educativa porque le vincula con el resto de la familia de forma utilitaria, y de paso libera a uno de los adultos para poder hacer otras cosas uno de los dos días.

En ese caso, los padres tenemos dos opciones. O bien:

—Fran, tú te encargarás de ir a buscar a tu hermano cada miércoles.

O bien esa otra:

—Fran, hay que ir a buscar a tu hermano a la piscina los lunes y los miércoles. ¿Qué día prefieres ir tú?

Si nos da igual que Fran vaya un día que otro, darle dos opciones entre las que escoger le hará tener la sensación de que es él quien decide cómo cumplir con el encargo, y que se ha respetado su criterio, su preferencia. En cambio, si decidimos previamente que Fran irá a buscar a su hermano pequeño un día en concreto, es más probable que él se resista y surja un conflicto. Si lo dejamos elegir entre un día u otro posiblemente Fran también pondrá, como siempre, los ojos en blanco y protestará, pero lo importante es que, ante la posibilidad de elegir ante una doble opción abierta, el adolescente escogerá una de las dos opciones, diciendo por ejemplo:

—¡Uf! Pues los lunes, qué remedio…

Esta estrategia es útil para evitar los conflictos que a veces surgen cuando los adolescentes tienen la sensación de que los padres quieren imponer sus criterios absurdos. Si cuando es necesario hacer algo se le dan diferentes opciones, esta sensación disminuye. Aquí hay otro ejemplo:

En lugar de decir:

—Tienes que darle las gracias al padrino, así que llámale.

Mejor decir:

—Deberías dar las gracias al padrino porque te ha dejado quedarte en su apartamento con tus amigos todo el fin de semana. ¿Quieres llamarle o prefieres escribirle?

QUINTA ESTRATEGIA
«ME PONDRÍA MUY CONTENTO»

Justificar lo que hay que hacer con el beneficio que nos genera a nosotros

La quinta estrategia es sustituir las órdenes que tantas resistencias generan en los hijos por demandas justificadas. Esto implica establecer con ellos una relación comunicativa similar a la que estableceríamos con un adulto con quien tuviéramos una relación de igualdad, y precisamente por eso es muy efectiva: porque permite que los chicos y chicas se sientan tratados con consideración y respeto y no que reciben órdenes procedentes de la autoridad de los padres.

Consiste en explicar al hijo qué es lo que queremos que haga, cuál es la razón y *en qué nos beneficia a nosotros*. Fijémonos en que a menudo queremos que los hijos hagan cosas que ayuden al buen funcionamiento familiar y que nos faciliten la vida por cuestiones de tiempo, de carga de trabajo o de bienestar en cualquier sentido. Pues bien: si les damos a conocer cuáles son las razones, pero sobre todo *qué beneficio personal* sacaremos de sus movimientos, ellos estarán mucho más dispuestos a colaborar que si nos ahorramos esta parte de la conversación. Los hijos, en el fondo, nos quieren satisfacer si pueden hacerlo sin grandes esfuerzos. Saber que estaremos contentos, tranquilos o descansados cuando hayan hecho algún trabajo les anima a hacerlo, porque entienden que nos hacen un favor que nos beneficia y que les agradecemos; y no solo que deben hacer una cosa que «toca» hacer y de la que ellos a menudo no ven las razones.

Un ejemplo:

Imaginemos que Rita tiene que ordenar su habitación, pero no le apetece nada y además cree que debe tener derecho a tener la habitación tan desordenada como le plazca, que por algo es «su» habitación. En una situación como esta, y para ilustrar la estrategia que nos ocupa, podemos hacer dos cosas. O bien darle una orden directa:

—Rita, ordena la habitación.

O bien contarle nuestros motivos para pedírselo:

—Escucha, Rita, esta tarde me iría muy bien tener la sensación de que toda la casa está limpia y ordenada. Durante la mañana he limpiado la casa y he conseguido poner orden en varios lugares, incluso en el lavadero, y me encantaría acabar el día sabiendo que todo está en su sitio, incluidas las cosas de tu habitación. La verdad es que me da mucha tranquilidad pensar que hay un orden general y que no queda ningún rinconcito sin ordenar, que todo el mundo tiene las cosas donde tienen que estar y que todo está limpio… Esto me da una sensación de relax que me ayuda a estar contenta y poder pasar página de los asuntos de casa.

Incluso podemos añadir, para alargarlo:

—Me harás muy feliz y estaré mejor si dedicas diez minutos a ordenar tus cosas, te estaré muy agradecida. Estoy segura de que lo entiendes y que lo harás por mí. ¿Sabes por qué me importa que tu habitación esté en orden? Cuando hay una habitación hecha un desastre tengo la sensación de que la casa está parcialmente desordenada y, como la casa es como una extensión de mí misma, siento que no hay en mí el orden que quisiera. Además, mi trabajo de mantener la casa en buenas condiciones me ocupa tiempo y esfuerzo, y si no se puede acabar por completo porque hay una habitación caótica… esto me hace sentir que es un trabajo un poco devaluado.

En cierto modo es hilarante dedicar tantas palabras para explicar a Rita que tenemos ganas de que ordene su habitación, pero si lo que buscamos es la efectividad y una comunicación tranquila, te puedo asegurar que esta fórmula tiene más éxito que la más breve.

La primera fórmula, la orden directa tipo «Rita, ordena la habitación», conlleva los problemas que siempre tienen las órdenes directivas dirigidas a los adolescentes. Es muy legítima, pero la mayoría de las veces no tiene éxito; así que es necesario aplicar la inteligencia estratégica y hacer uso de una fórmula comunicativa que sea... seductora y convincente. Además, si se lo comunicamos de una forma tan extensa, aunque sea por cansancio y por no volver a oír un rollo así, ¡Rita procederá a poner orden!

Si no tenemos ganas de alargarnos tanto, también podemos hacerlo resumido:

—Rita, hoy me iría muy bien que ordenaras la habitación. Me pondría de muy buen humor tener la sensación de que la casa entera está limpia y ordenada. ¿Lo harás por mí, cielo?

SEXTA ESTRATEGIA
HACER BIEN LAS CRÍTICAS

Aunque parezca que viven muy bien, los adolescentes también tienen sus problemas: a veces lo que les ocurre no les gusta; a menudo su ambiente no es como ellos quisieran; muchas veces lo que no les gusta son ellos mismos. Y, para colmo, los padres los criticamos cada dos por tres y nos mostramos contrariados por lo que hacen o por lo que dejan de hacer. La suma de todo ello puede llegar a obnubilar su visión hasta el punto de verlo todo más oscuro que claro y sentir que navegan en un mar de negatividad.

¿Qué podemos hacer para no contribuir a esta negatividad y a su vez conseguir que las críticas que les hagamos sean más efectivas, más transformadoras, más útiles y, sobre todo, que no generen conflictos?

Hay tres estrategias útiles:

- Decir algo bueno antes que algo malo.
- Decir cómo nos sentimos.
- Criticar los hechos, no a los hijos.

Decir algo bueno antes que algo malo

Se trata de aplicar una regla sencilla y fácil de recordar: cuando tengamos que criticar algo, digamos antes algo positivo. Así, la crítica será recibida con mejor predisposición, y por lo tanto será más efectiva.

Pongamos por caso que nuestra hija Aina está cogiendo la mala costumbre de dejar la carpeta del instituto en la mesa de la cocina, y eso no nos gusta. Debemos hacérselo saber. Una forma de aplicar esta técnica es decirle:

—Aina, me gusta la decoración de tu carpeta. Es toda una obra de arte, qué habilidad, me gusta cómo ha quedado. ¿Verdad que la dejarás en la mesa del sofá, a partir de ahora, y no aquí en la cocina? Allí no molestará.

Si le queremos decir que se apresure a terminar de ducharse, que lleva mucho rato ahí, le podemos decir:

—Hum… ¡qué delicioso aroma sale del baño cuando usas ese jabón! Por favor, termina pronto que así ahorremos dinero en agua caliente.

Si queremos que deje de utilizar una palabra incorrecta, esta podría ser una manera de hacerlo:

—Tienes un rico vocabulario y sabes hablar muy bien. Si puedes rectificar la costumbre de decir *joder* tan a menudo, todavía hablarás mejor.

Cuando decimos primero un elogio (la carpeta es bonita, el jabón huele bien, por lo general hablas bien), la segunda parte de la frase, es decir, la crítica o la advertencia, nos saldrá con un tono más animoso, no tan crispado, más acorde con la primera parte de la frase. Y así será mucho mejor recibida y Aina tendrá más ganas de colaborar. Por cierto: fíjate que en ninguna de las tres frases utilizamos la palabra *pero*. Esta palabra debe evitarse después de cualquier elogio, porque lo dejaría sin efecto.

Y, más allá de preparar el terreno para que las correcciones sean mejor recibidas, elogiar lo que está bien tiene otras dos ventajas importantes:

- Como nos obligamos a fijarnos en lo que nos gusta, nos damos cuenta de la cantidad de cosas buenas que tienen que ver con nuestros hijos, y esto nos hace sentir más optimistas y alegres.
- Puesto que educamos a través del ejemplo que damos, elogiando lo que nos place, les estamos enseñando a destacar las cosas positivas de los demás. Y esa actitud, que con los años tenderán a imitar, en la vida siempre les reportará muchos beneficios y buenos vínculos.

Decir cómo nos sentimos

Cuando alguna situación nos disgusta, cuando algo nos desagrada, a menudo proferimos una queja amarga contra la actitud del adolescente responsable. Por ejemplo, imagina que llegas a casa por la noche y la ropa limpia todavía está tendida, cuando el trato con el adolescente era que la descolgaría y la doblaría antes de que llegaras. Es habitual una reacción espontánea como esta:

—¡Ya está bien! ¿Así es como habíamos quedado? ¡No puedo fiarme de ti para nada! Me dices que harás una cosa y luego no la haces...

Una reacción típica del adolescente en este caso, si ese día no está de buen humor (o si no tiene previsto pedirnos algo pronto), es:

—¡Que sí, pesada, que ya lo pensaba hacer, pero todavía no he tenido tiempo! Cualquiera diría que es una cuestión de vida o muerte doblar la ropa antes o después!

Y, claro, después de una respuesta como esta… es difícil contenerse y no ponerse a discutir.

Pero hay otra alternativa si llegamos a casa y lo pactado no está hecho, consistente en decir:

—Vaya… Pensaba encontrar la ropa doblada cuando llegara y me fastidia ver que todavía está en el tendedero. Llego cansada y la verdad es que esto me molesta.

Entonces es más probable que el adolescente conteste:

—Vale, sí, ahora lo hago. Es que no me he acordado.

La gran diferencia es que en este caso *hablamos de nosotros,* de nuestras emociones respecto a lo que ocurre. En ningún caso acusamos al hijo, no señalamos sus defectos sino que explicamos cómo nos sentimos nosotros: «Esto *me* molesta». Cuando no se sienten acusados, sino que les ayudamos a empatizar con nosotros, los adolescentes se muestran mucho más dispuestos a colaborar.

Otro ejemplo:

—¡Decir delante de tu tutora que en casa nos ponemos histéricos ha sido una falta de respeto intolerable! ¿Quién te crees que eres para hacernos quedar de esta manera?

La respuesta más probable de un adolescente alterado es:

—¡Pero si es la verdad! ¡Ahora mismo tienes la prueba!

La mejor opción es utilizar la estrategia de decir cómo nos sentimos:

—Cuando le has dicho a la tutora que en casa nos ponemos histéricos nos hemos sentido ridículos y avergonzados. La verdad es que ha sido muy desagradable tener que vivir ese momento. No sabíamos ni qué cara poner.

Dicho esto, es probable que el adolescente pueda empatizar más y que le sepa mal haber puesto a los padres en aquella situación.

Decir cómo nos sentimos invita a los chicos y chicas a hacerse cargo de lo que nos ocurre en vez de impulsarles a defenderse. Es una buena estrategia para ayudarles a comprendernos y también es un buen ejemplo que ellos podrán utilizar con otras personas.

Hay que tener cuidado, sin embargo, a la hora de decir cómo nos sentimos, en conservar siempre la dignidad. No es bueno mostrarnos mortificados, con frases como «Lo único que te pido es que hagas eso que no te cuesta nada y ni siquiera puedes hacer por mí algo tan fácil, yo que trabajo todo el día para que tengas todo lo que necesitas...».

Criticar los hechos, no a los hijos

Hay una idea importante que cuando se asume relaja mucho, además de permitir evitar conflictos con los adolescentes. Es una idea que nos ayuda a comunicar bien las críticas porque las hace más impersonales y por lo tanto menos dolorosas. La idea es que NUESTROS HIJOS NO SON de una determinada manera, sino que ESTÁN de una determinada manera.

No es que Eloy sea perezoso, es que en ese momento de su vida la pereza le puede. *Está* perezoso.

No es que Marimar sea una insolente, es que en ese momento vital la insolencia la domina. *Está* insolente.

No es que Paula sea una creída, es que ahora mismo se muestra demasiado orgullosa porque no sabe relativizar (o porque lucha contra la inseguridad, quién sabe). *Está* subida.

La adolescencia es una transición y, por lo tanto, los adolescentes que ahora son se transformarán. De hecho, mejorarán. Muchos de sus defectos se rebajarán, algunos desaparecerán por completo. Tú que lees, ¿de adolescente eras exactamente tal como eres ahora? ¿O hay defectos que se han limado y virtudes que han ido creciendo? Por lo general, con la madurez mejoramos porque las experiencias no pasan en vano, nos permiten ir adquiriendo habilidades y matices que nos hacen más tolerantes, más amables y más profundos.

Cuando asumimos que nuestro adolescente no es perezoso sino que está perezoso ya no sentimos tanta frustración por su supuesta forma de ser. Sabemos que esto le ocurrirá y que ahora tenemos que convivir con esa pereza y tratar de transformarla, pero al menos sabemos que no le será un yugo de por vida.

Asimilar esta verdad nos ayudará a que sea mucho más fácil llevar a cabo la técnica que explicaré a continuación, nos ayudará a que nos salga de forma natural.

Se trata de criticar lo que no nos gusta *sin calificar al adolescente*. Nos referiremos únicamente al hecho criticable. Por ejemplo, en lugar de decir:

—Eres un vago, Eloy.

Mejor decir:

—Eloy, estás desganado, no tienes ganas de moverte.

En vez de decir a Ferran:

—Eres desorganizado, Ferran, nunca encuentras nada.

Podemos decirle:

—Ferran, ahora mismo tienes las cosas por todas partes y por eso te cuesta encontrarlas.

Y en lugar de decir a Julia:

—Julia, tienes memoria de pez, ya has vuelto a olvidarte de ir a recoger a tu hermana.

Es mejor decirle:

—Julia, hoy no has pensado en ir a recoger a tu hermana. Presta atención los martes y así seguro que te acuerdas.

Nuestra forma de señalar lo que no nos gusta será, en definitiva, mucho más efectiva si nos referimos a los hechos y no al chico o a la chica directamente. Y mucho más si le decimos, como en este último caso, que estamos seguros de que puede hacerlo mejor.

SÉPTIMA ESTRATEGIA
NO PREGUNTAR «¿QUÉ TE PASA?»

Cuando un adolescente está de mal humor y no sabe por qué, probablemente le has preguntado «¿Qué te pasa?». Si lo has probado alguna vez, puede que ya hayas experimentado que es mejor no preguntarlo, porque raramente responden con tranquilidad y buenas maneras. Una de las causas es que en ocasiones no lo saben. Otra es que a menudo no tienen ganas de compartirlo con nosotros. Y una tercera causa es que no les gusta oír esta pregunta formulada por el padre o la madre porque, debemos reconocerlo, muchas veces lo preguntamos *como un reproche*, como quien dice: «Algo te ocurrirá, para que estés tan raro...», o bien «Algo tendrás, para comportarte de esta manera», o incluso «Seguro que te pasa algo, porque estás muy desagradable».

Así pues, dado que a la pregunta «¿Qué te pasa?» los adolescentes suelen responder con irritación o sequedad («No me pasa nada», «Nada que puedas resolver tú»), lo mejor es no preguntarlo directamente y abordar la cuestión con frases como:

—Tengo la sensación de que algo no va del todo bien. (Y decirlo con el mismo tono con el que se lo diríamos a nuestro mejor amigo).

A continuación no hace falta añadir nada más, sino sencillamente sentarse a su lado (es importante sentarse al lado y no delante) y esperar en silencio. Nuestra mirada no debe ser inquisidora, tampoco debemos preguntar «¿Qué te pasa?» con el lenguaje del cuerpo. Cabe recordar que no hemos hecho una pregunta sino una afirmación. El adolescente decidirá si quiere añadir algo o no. Si no lo hace, podemos decirle antes de irnos:

—Estoy aquí para cualquier cosa. Si quieres hablar, te escucharé sin decir nada.

O bien:

—Si puedo hacer cualquier cosa por ti, ya sabes dónde estoy. Entiendo que a menudo hay cosas que no queremos compartir, también me ocurre a mí a veces. En cualquier caso, aquí me tienes para lo que necesites.

También les podemos dar un abrazo silencioso.

El mero hecho de vernos atentos y predispuestos ya es una forma de consuelo, aunque no nos puedan o no quieran usarnos para decirnos lo que sienten o para buscar soluciones dialogando con nosotros.

OCTAVA ESTRATEGIA
NO APROVECHAR LOS ERRORES PARA ALECCIONAR

Hay una actitud que los padres tienen con frecuencia y que molesta mucho a los adolescentes. Tanto, que hace que se cierren en banda y no compartan sus preocupaciones o que, cuando lo hagan, acabemos todos resentidos y con malas caras. Si queremos evitar conflictos, haremos bien en ahorrarnos esta actitud.

Se trata de aprovechar sus errores para aleccionarles sobre cómo deberían haber hecho las cosas.

A pesar de ser una actitud muy espontánea por parte de los adultos, que cuesta contener, es de lo más inoportuna y hay que evitarla cueste lo que cueste. Esto no quiere decir que no debamos aconsejar a los hijos sobre la mejor manera de actuar para evitar que tropiecen dos veces con la misma piedra. Lo que quiere decir es que no debemos hacerlo cuando comparten con nosotros alguna inquietud por un error cometido. Por ejemplo, imaginad que Gerardo dice:

—¡Ostras! ¡Mañana se tiene que entregar el trabajo de literatura y no tengo ni la mitad hecha! ¡Pensaba que era para la semana que viene!

Es natural que la madre de Gerardo le diga de sopetón:

—¿Y cómo puede ser? ¡Esto te pasa por no apuntarte bien las cosas y no organizarte!

Esta respuesta es natural y lo que pretende la madre es aprovechar la ocasión para educar a Gerardo, trasladándole la idea de que, si se hubiera organizado, ahora no tendría ese problema y que, por lo tanto, debe aprender a organizarse para la próxima vez. Sin embargo, comentar eso en ese momento no ayuda. En primer lugar, porque Gerardo sabe de sobras que se le ha echado el tiempo encima por mala organización. En segundo lugar, porque si se siente acusado no se animará a trabajar sino que, de mal humor, acusará todas las resistencias y se pondrá a ello de malas, si es que se pone en vez de dejarlo correr.

Lo mejor que puede hacer la madre de Gerardo en un caso así es acompañarle en la emoción y decir:

—¡Vaya! ¿Y qué vas a hacer ahora?

O también:

—¡Ostras! ¡Qué estrés! ¿Hay algo que pueda hacer por ti?

En cualquiera de los dos casos es muy probable que Gerardo asuma que debe ponerse a trabajar enseguida.

Sabemos bien que lo que le ha pasado tiene que ver con la falta de organización, pero será más útil abordar este tema en cualquier otro momento que ahora mismo. Ahora la urgencia es resolver el problema, y el mero hecho de haberse agobiado le servirá de aprendizaje, sobre todo si no se pretende aleccionarlo. Más adelante, por ejemplo al día siguiente, cuando estemos tranquilos, podemos aprovechar un momento de calma, quizá a la hora de comer, y decirle:

—He estado pensando en lo que te ocurrió con el trabajo de literatura. A mí también me ha pasado alguna vez eso de que no me he organizado bien. ¿Qué piensas que podrías hacer para evitar que vuelva a pasarte?

A partir de ahí Gerardo seguramente aportará ideas como las siguientes:

—Mejor que me lo apunte en la agenda en cuanto me encarguen un trabajo.

O:

—Tengo que mirar la agenda con más frecuencia y apuntarme recordatorios en los días previos.

En definitiva, hablar de lo que no funciona en un momento de calma es mucho mejor que aprovecharlo para hacerlo justo cuando hay un problema.

NOVENA ESTRATEGIA
NO HABLAR MAL DE PERSONAS CERCANAS A LOS HIJOS

A veces, los amigos de los hijos no nos gustan. O no toleramos la forma de hacer de su padre o de su madre, de quienes nos hemos distanciado, o de sus parejas. Hay que encontrar la forma de no hacerlo demasiado evidente ante los chicos y chicas si queremos conseguir dos cosas: evitar un conflicto, y que conserven la confianza en nosotros (y es que sus relaciones en cualquier momento pueden cambiar de signo y, si nos hemos mostrado contrarios o reacios a alguien, será difícil que nos expliquen los cambios de su relación con esa persona). También es importante no hablar mal de las personas cercanas a los hijos para dar buen ejemplo.

No hablar mal de esas personas no significa tener que hablar bien ni mentir. Sencillamente podemos mostrarnos reservados y respetuosos. Veamos varios ejemplos de esta actitud:

Roc: —La tía esa es insoportable. Su padre solo hace lo que ella dice y encima ella le habla de cualquier manera.
Madre (pensando, por dentro: «No lo sabes bien, ¡con qué arpía egoísta se ha topado!»): —No parece una situación muy agradable.
Marta: —Olga es muy superficial. No la aguanto y no puedo entender cómo antes éramos amigas. Parece mentira que pueda ser tan estúpida.
Padre (pensando, por dentro: «¡Ya era hora de que te dieras cuenta de que esta chica tiene la cabeza hueca!»): —A veces cambiamos de opinión sobre las personas.

Lluc: —Carles es el tipo más legal del mundo. Me alegro de haberlo conocido.
Padre (pensando, por dentro: «Pues a mí me parece todo lo contrario»): —¿Y qué es lo que más te gusta de él?
Lluc: —Cuando no tengo dinero, me lo paga todo.
Padre: —¿Y lo que menos te gusta?
Lluc: —Me gusta todo lo que hace.

Padre: —Mejor. Ya me irás explicando cómo os va. Espero que bien, pero piensa que a veces las cosas cambian.

Y si Berta es muy amiga de Anna y a los adultos de la casa Ana no les gusta nada, se le puede hacer saber de manera indirecta, diciendo cosas como:

—Me ha sorprendido que Ana hable tan mal de sus padres…

O bien:

—Está muy rayada con la tutora, ¿verdad? La ha dejado como un trapo sucio…

O tal vez:

—¿Cómo es que si sus padres le habían dicho que estuviera en casa a las diez, a las once todavía estaba aquí con nosotros?

Todo ello puede ayudar a Berta a fijarse en detalles que quizá no ve a partir de observaciones que le hacemos y que no son necesariamente críticas, sino muestras de sorpresa o extrañeza formuladas desde la curiosidad.

No hablar mal de otras personas ayuda a que los adolescentes puedan seguir hablando de ellas si sus relaciones cambian de tercio y a la vez es un ejemplo de buen hacer, porque cuanto menos costumbre haya en casa de criticar con acidez, mejor será el clima. Y la vida de los hijos, cuando sean mayores, también será más agradable si no tienen por costumbre hablar mal de la gente que les rodea.

DÉCIMA ESTRATEGIA
VALIDAR LOS SENTIMIENTOS

A veces molestamos a los hijos cuando menospreciamos sus sentimientos, y acaba siendo la chispa de un conflicto o, cuando menos, de un malestar entre adultos y adolescentes. Para evitarlo, en ningún caso debemos menospreciarles diciendo cosas como: «No hay para tanto», «Tampoco es tan grave», «No hace falta que te pongas así» o «No te lo tomes tan mal».

Aceptar los sentimientos de quien nos habla es imprescindible para hacerle sentir escuchado y respetado. Solo si primero somos capaces de que sienta ese acompañamiento, ese respeto y comprensión, podremos dar después nuestro parecer con posibilidades de que el adolescente quiera incorporar los matices o los puntos de vista que le ofrecemos. Veamos algunos ejemplos de cómo validar los sentimientos.

Imagínate que Rita está dolida con su mejor amiga porque últimamente la deja de lado. La conversación puede ir así:

Rita: —Silvia es una interesada. Ahora que ya no puedo ayudarla, ya no le intereso y solo hace que ir detrás de las demás.

Padre/madre: —Vaya. Ya veo que su actitud te molesta bastante.

Decir eso hará que Rita se sienta cómoda para seguir hablando del tema, que se pueda desahogar. Hemos recogido la emoción que tiene ante lo que le ocurre (está molesta) y por lo tanto hemos abierto las puertas a seguir con la conversación. Si en vez de eso hubiéramos querido corregir su sentimiento o hubiéramos querido suavizar su opinión sobre Silvia, probablemente Rita se habría hecho aún más fuerte. Probablemente la conversación habría ido así:

Rita: —Silvia es una interesada. Ahora que ya no puedo ayudarla, ya no le intereso y solo hace que ir detrás de las demás.

Padre/madre: —Chica, si hasta ahora erais tan amigas…
¿Quieres decir que es para tanto? Ella también tendrá
ganas de relacionarse con otra gente, tú podrías hacer lo
mismo…

Rita: —No sabes de qué hablas, es una aprovechada y una
traidora, no le hablaré nunca más. De hecho, no sé ni
por qué te lo cuento.

A menudo, al contradecir la emoción de un hijo, esta emoción se refuerza. En cambio, cuando la acogemos de forma comprensiva, podemos lograr que la relativice. Acoger y comprender, por nuestra parte, no significa dar por bueno lo que el adolescente piensa. Solo significa mostrar una aceptación respetuosa de la emoción que él o ella tiene en ese momento.

Veámoslo con otro ejemplo, ahora imaginando que Àlex está mosqueado porque los de su grupo tienen prohibido utilizar los vestuarios del pabellón deportivo.

—No hay derecho a que no podamos utilizar los vestuarios solo porque alguna vez hayamos hecho el bestia allí.

De no estar de acuerdo con esta indignación, como padres podemos hacer dos cosas. La primera, que no funcionaría para poder tener una conversación constructiva sobre el tema, sería esta:

Padre/madre: —No sé por qué te indignas tanto. Es normal que si la gente no se comporta no tenga derecho a
utilizar una instalación.

La segunda opción, que evita el conflicto y permite seguir
hablando con tranquilidad, es la siguiente:

Padre/madre: —Ya veo que esto te indigna.

Vuelvo a repetirlo: poner nombre a su emoción no significa darla por buena. Solo es la forma de demostrar que estamos escuchando atentamente y comprendiendo lo que el chico siente ante las circunstancias. No opinamos, solo *constatamos* cómo se siente.

Si optamos por esta segunda opción, que es la buena, es probable que la conversación siga así:

Álex: —Claro que me indigna, porque el vestuario es imprescindible cuando hace frío.

Padre/madre: —Y sin embargo, a veces no se trata como debería...

Álex: —Ya, supongo que no saben qué hacer para evitar los destrozos y por eso no lo dejan utilizar.

Merece la pena probarlo. Abordajes como estos le demostrarán que empezar las conversaciones escuchando sin opinar, limitándose a recoger los sentimientos, permite seguir hablando con más tranquilidad y hace que el adolescente se muestre más permeable a tus insinuaciones o sugerencias de mirar las cosas de otra forma.

A veces no es fácil poner palabras a lo que demuestran sentir. En este caso, opta por una vía fácil: las interjecciones o frases tipo *ajá, vaya, uf, tela, ostras, hum, te entiendo...* permiten que el adolescente perciba que se le escucha y no se le cuestiona —al menos de momento—, de modo que se sienta cómodo para seguir hablando. Por ejemplo:

—Es un asco tener que ir a pasar dos días a una casa de colonias sin cobertura.

—Oh, ostras.

—Sí, un desastre, por eso casi prefiero quedarme en casa.

—Vaya...

—Aunque, claro, al menos allí estarán mis amigos... Supongo que es mejor eso que quedarme aquí y no ver a nadie.

Si en vez de las interjecciones das enseguida tu opinión, será más probable que se hagan fuertes en su resistencia. La cosa irá así (de mal):

—Es un asco tener que ir a un sitio sin cobertura. Yo para ir a un sitio tan precario prefiero quedarme en casa.

—Como si la cobertura fuese lo más importante. Allí vais para convivir entre vosotros.

—¡¿Convivir para qué, si nos vemos cada día?! Paso, ya irán los pringados que no tengan nada mejor que hacer.

—De pringados nada, no poder prescindir del móvil sí es ser un pringado.

—¡Tú qué sabes, y no hables tanto, que el primer enganchado aquí eres tú!

Un final que no es nada agradable para nadie, especialmente para el adulto. Fácil de evitar enfocando la conversación de la forma que sugiere esta décima estrategia.

UNDÉCIMA ESTRATEGIA
PONER PACIENCIA EN LA INCOMPETENCIA

Los adolescentes se encuentran en una difícil situación respecto a ciertos errores que cometen: los padres creemos que ya deberían haber aprendido algunas cosas básicas y ellos todavía no han llegado a eso, o bien se distraen, o se despistan. Esto muchas veces exaspera a los adultos, que se lo reprochamos con amargura o con rabia contenida:

—¡Toda la ropa de la lavadora teñida por culpa de tus pantalones! ¡¿Es que no sabes que deben lavarse aparte?!

O:

—¿Aún no sabes trasplantar una planta de una maceta a otra? ¡Mira que es fácil! ¿Cuántas veces me lo has visto hacer a mí?

O:

—Quince años y el huevo frito te queda como si lo hubiera hecho una criatura de cuatro años...

Ante su falta de habilidades, lo más efectivo desde el punto de vista de la educación y lo más útil para el buen clima de la relación es considerar que todavía están en proceso de aprender y que además de exigentes también debemos ser pacientes. Si nos enfadamos porque una prenda de nuestra hija ha teñido toda la ropa de una lavadora porque no se ha mirado la etiqueta antes de ponerla a lavar, podemos decir, por ejemplo:

—Si la ropa teñida a mano no se lava aparte, se destiñe y colorea toda la ropa de la lavadora. Ahora ya lo sabes para otra vez, nadie nace enseñado.

(Esto lo podemos decir incluso si no es la primera vez que ocurre. Debemos tener en cuenta que los adolescentes, un poco por definición, se despistan).

También podemos decir:

—Mira, te voy explicando cómo trasplantar la planta y tú hazlo como te lo explico. Así lo aprenderás mejor que viéndome hacerlo a mí.

Siempre, la paciencia debe imperar. Y hacerlos practicar es la mejor forma de aprender a hacer algo.

En cuanto al último ejemplo:

—Ja, ja, ¡qué huevo frito más creativo que te ha salido! Va, hazme ahora uno para mí y a ver si te sale como un profesional.

Es mejor ponerle humor y dar una nueva oportunidad que despreciar sus capacidades.

DUODÉCIMA ESTRATEGIA
ANULAR EL TONO DE VOZ

Con independencia del contenido de lo que decimos, el tono imprime carácter a un mensaje. Lo sabemos perfectamente por experiencia: la misma frase, dicha con un tono irónico o con un tono tierno, significa cosas completamente distintas. No es en absoluto lo mismo decirle a la pareja:

—Ven aquí, que te voy a contar una cosa. (Con tono seco).

Que decirle:

—Ven aquí que te contaré algo... (Con tono juguetón).

Cuando debamos decir algo no del todo agradable a un adolescente, una buena estrategia para no entrar en conflicto es utilizar un tono de voz agradable. Pero es muy difícil hacerlo, así que mi consejo es que intentes anular cualquier tono de voz, para evitar que te salga uno poco agradable que condicione la recepción —y, por lo tanto, la respuesta— de aquello que dices.

Y esto, ¿cómo es posible? Excepto si somos buenos actores, el tono neutro de la voz no se puede conseguir cuando hay una emoción detrás del mensaje. Y cuando nos dirigimos a los hijos adolescentes esta emoción casi siempre está ahí; por lo tanto, no podríamos evitar dar al mensaje un tono u otro, aunque nos esforzáramos mucho en disimular.

Para hablar sin utilizar ningún tono de voz debemos hacerlo por escrito. No hablar sino escribir. Utiliza los mensajes de texto para decir cosas concretas que deseas que sean recibidas con neutralidad, como si las dijeras amablemente, pero que no podrías decir de viva voz sin crispación, impaciencia o disgusto. Los mensajes de texto del móvil van muy bien para eso. Sin embargo, es necesario seguir determinadas reglas para que sean efectivos:

1. Que sean cortos. Evita párrafos extensos por mucho que tengas ganas de desahogarte con argumentos detallados. El adolescente leerá en diagonal. Y cuanto más largos sean, menos contenido captará.
2. Que sean concretos. Por ejemplo:

—Estoy disgustada por cómo me has hablado. No lo hagas más.

—Limpia las manchas de aceite que ha dejado la moto en el suelo antes de las 9. Mi consejo es que te pongas una alarma para recordártelo. De lo contrario, pasará algo que no te gustará. [12]

—Envíame una foto de la habitación cuando la tengas ordenada. Cuando lo hayas hecho, estaré de buen humor y podrás salir.

Nada de reflexiones, nada de argumentaciones. Brevedad y concreción es lo que hace efectivo un mensaje escrito para un adolescente.

DECIMOTERCERA ESTRATEGIA
LOS TRES MINUTOS A PIE DE PUERTA

Reposa tres minutos y prepárate

La he dejado para el final (es la penúltima de las catorce estrategias) porque es tan importante como la primera, pero esta estrategia requiere un punto de autodisciplina y de paciencia, porque es como una pequeña meditación (salvando las distancias). Eso

---

12. Esta amenaza velada, «Pasará algo que no te gustará», a menudo va muy bien. Si te preguntan «¿Qué pasará?» limítate a responder: «Ya lo verás» (y mientras tanto, ve pensando alguna represalia adecuada por si llega el caso).

sí: es muy efectiva para mejorar la calidad de vida. Se trata de lo siguiente.

Cada día, antes de entrar en casa volviendo del trabajo, de comprar o cualquier otra cosa, piensa si cuando llegues estará allí tu hijo o hija adolescente. En caso afirmativo, detente en el umbral de la puerta exterior. Es decir, antes de poner la llave en la cerradura detente a pie de puerta. Apóyate contra la pared (espalda y cabeza). Mira el reloj y toma nota mental de la hora. A continuación, espera tres minutos. Durante estos tres minutos no consultes el móvil ni leas nada. Dedícate solo a pensar:

«Ahora voy a entrar en la casa donde vivo con mi familia. Ahí están mi hijos, que quiero y que me quieren. No son perfectos y quizá vea cosas que no me gustarán. Pero todavía están creciendo y deben aprender poco a poco. La prioridad es estar bien yo y que se sientan bien conmigo y yo también conmigo mismo. Por lo tanto, primero me centraré en las cosas que funcionan. Más tarde, si es necesario corregir algo, lo haré bien, usando una buena estrategia. Tengo suerte de que mis hijos estén en casa».

Una vez hecha esta reflexión, coloca la llave en la cerradura y entra en casa. Y nada más entrar, di algo bueno. Algunos ejemplos de cosas buenas que puedes decir son:

- ¡Qué jersey más bonito que llevas!
- ¡Qué bien huele a galletas con leche!
- Ya sé que has sacado una buena nota por el trabajo.
- Te queda muy bien ese peinado.
- Me he encontrado al padre de Pau y me ha dicho que fuiste muy amable en su casa.
- ¡Qué bien que tengas las ventanas abiertas!

Da igual lo que digas mientras sea positivo, y si no te viene nada a la cabeza, limítate a decir: «¡Qué bien que estés aquí! Me alegro de verte».

No siempre es fácil hacer un pequeño elogio cuando ves a un chiquillo tumbado en el sofá lleno de migas y un caos a su alrededor o una chica con los zapatos en el sofá pegada al móvil. Pero si te has preparado antes con la reflexión de tres minutos a pie de puerta, te saldrá muy bien. Y el efecto que tendrá será sorprendente, porque dará a tu llegada un tono mucho más cordial y cariñoso que si entras señalando algún problema o quejándote.

Importante: hay que esperar al menos diez minutos después de haber entrado para realizar la primera corrección, demanda o queja. Y debe hacerse siempre después de haber dicho algo bueno antes (estrategia 6).

DECIMOCUARTA ESTRATEGIA
«QUÉ BIEN»

Valorar lo que funciona

Aunque a veces pongan las cosas difíciles, también es cierto que a menudo los adolescentes en familia muestran sus encantos. ¡Y son muchos! Son graciosos, o tiernos, u ocurrentes, o buenos amigos de sus amigos, o ágiles mental o físicamente, o resolutivos, o artísticos, o valientes, o intensos, o irónicos, o enérgicos, o relajados, o decididos, o críticos, o creativos, o ambiciosos, o solidarios, o idealistas, o hábiles, o listos, o implicados, o comprometidos, o alegres…

Y también muchas veces hacen cosas bien hechas: ayudan, terminan los trabajos, son amables, abrazan, colaboran con los hermanos, estudian, limpian, se esfuerzan, se acuestan a la hora, comen bien, hablan con cariño, aconsejan, bromean, argumentan...

Siempre que lo que muestren o hagan nos parezca agradable o valioso, se lo tenemos que hacer saber. Basta una frase corta, de pocas palabras y, a ser posible, dicha con una sonrisa en los labios. Tales como:

—Me gusta que animes a tu hermano a hacer el trabajo bien hecho.

O bien:

—Me encanta cuando ves que estoy cansada y ordenas la compra.

O bien:

—Cómo me gusta que sepas decir que no, cuando crees que lo que te proponen no es buena idea.

Y aún más:

—Sé que te daba mucha pereza acabar el trabajo y aun así lo has hecho. Qué bien, lo valoro.

O, sencillamente:

—Gracias por regar las plantas. Creía que tenía que hacerlo yo.

Los pequeños reconocimientos son vividos como una recompensa y al mismo tiempo funcionan como un estímulo. Si os acostumbráis a utilizarlos verás cómo se multiplican las actitudes positivas de los adolescentes.

Y, más allá de eso, te sentirás mucho mejor. Cuando ponemos la mirada en lo que nos gusta, nos damos cuenta de que hay muchos detalles favorables a nuestro alrededor. Esto nos reconforta.

PRIMERA ESTRATEGIA
«¿QUÉ PREFIERES?»

Permitir vivir las consecuencias lógicas de las elecciones

—¡Te he dicho quinientas veces que tiendas la ropa mojada!

Imaginemos que nuestro hijo Miguel tiene la obligación de tender la ropa de la lavadora pero no le apetece, hasta el punto de que ya se lo hemos dicho cuatrocientas noventa y nueve veces sin éxito. Estamos llegando al límite de nuestra paciencia, no podemos entender qué le impide hacer esa tarea cuando toca, dado que no tiene nada mejor que hacer ahora mismo. Bien, sí, seguramente está con el móvil, y eso explica que no se arremangue ni viendo el humo que nos sale de la cabeza. Lo mejor que podemos hacer para evitar el desgaste que supone decirlo veinte veces más es utilizar la técnica del «¿Qué prefieres?», planteándole dos opciones posibles:

—Miguel, ¿qué prefieres? ¿Tender la ropa ahora o tenderla más tarde? Ten en cuenta que si la tiendes antes de las doce podré acompañarte al partido en coche, pero si ya son las doce y el trabajo todavía está por hacer, tendrás que ir a pie porque yo estaré ocupada tendiendo la ropa.

Fíjate que hemos planteado a Miguel la consecuencia de hacer las cosas de una forma u otra. Se trata de una consecuencia lógica, no arbitraria: tender la ropa a tiempo implica que le podremos llevar al partido en coche porque todavía tendremos tiempo. No tenderla a tiempo implicará que tenga que ir a pie porque la tarea la tendremos que hacer nosotros.

En esta tesitura, Miguel puede elegir la forma en que se organiza el trabajo en el tiempo. Y puede ocurrir perfectamente —de hecho, es probable— que decida no tender la ropa de momento. Si esto ocurre, tranquilos. Haz como si no te dieras cuenta. No le hagamos caso. Nuestro objetivo es doble: por un lado, evitar el conflicto; por otro, educar a Miguel en una libertad responsable que le permita aprender a decidir y crecer sabiendo afrontar las consecuencias de lo que decide. Por eso, si Miguel opta por no tender de momento, mientras se acercan las doce, el adulto debería mirar hacia otro lado. Es una buena idea que hagamos cualquier otra cosa que nos permita no estar pendientes de él, distraernos, concentrarnos en otro asunto que nos permita olvidarnos de Miguel y la ropa mojada.

¿Y si cuando es la hora no ha hecho la tarea?

Esto es muy probable. Si a las doce todavía está la ropa en la lavadora, dejaremos que las cosas sigan su curso tal y como las hemos anunciado y no acompañaremos a Miguel al partido. Probablemente esto cause una crisis: el chico te hará la vida imposible para conseguir lo que necesita, que lo lleves en coche. ¡Qué difícil es resistir la presión de un adolescente que, con todos los medios que tiene al alcance —y en especial con el chantaje emocional—, insiste e insiste en conseguir lo que quiere! Puede que te diga que por tu culpa llegará tarde al partido y que no puede faltar, que es una pieza clave del equipo, que será expulsado… Cuando esto ocurra, cuando cueste no ceder ante una demanda a pesar de haber anunciado previamente que algo pasaría en caso de no tener terminada una tarea, te recomiendo que hagas mutis, que desaparezcas.

Hacer mutis

Hacer mutis consiste en salir de escena, alejarse físicamente, si es posible, del lugar donde se encuentre el adolescente. En el caso que nos ocupa, por ejemplo, si ves que a las doce la ropa todavía está en el mismo sitio, sal de casa para ir a hacer un encargo que tengas pendiente, y envía un mensaje de texto a Miguel diciendo «Veo que la ropa todavía está en la lavadora, así que me he ido a comprar pan, ya irás al partido por tu cuenta». Él entenderá a la perfección que lo que acaba de pasar es lo que habías anunciado: se ha quedado sin su recurso porque no ha cumplido su obligación en el tiempo estipulado.

Es de prever que no le haga ninguna gracia, pero eso ya es su problema. Lo que has hecho es lo correcto: has anunciado lo que pasaría y lo has cumplido. Todo ello, sin insistencias innecesarias, sin agotarte por tu parte y sin conflicto. Y, sobre todo, educando en la línea de la libertad responsable: uno puede elegir, pero debe afrontar las consecuencias de lo que elige.

Esta vez Miguel no tendrá transporte que lo lleve al partido; posiblemente, si no quiere perderse esta oportunidad, la próxima vez... tenderá la ropa a tiempo.

(Utiliza esta técnica siempre que lo que esté en juego sea algo positivo para el adolescente, algo que espera que ocurra).

Pero... ¿y si insisten mucho y mucho?

Ante las oportunidades perdidas por desidia o mala organización, a veces los hijos imploran que los padres rectifiquemos:

«¡Por favor, la próxima vez no me va a pasar!». Nuestro carácter y humor del momento nos harán más o menos proclives a dejarnos convencer. Lo único que hay que tener en cuenta es que si cedes un día… no debes ceder al siguiente. En otras palabras, podemos darles *una* oportunidad y basta, porque aprenderán enseguida que, cuando nos presionan lo suficiente (con buenos o malos modales), cambiamos de parecer.

Si la forma de presionarnos es desagradable, en ningún caso deberíamos rectificar respecto a la consecuencia que hemos anunciado. Solo si nuestros hijos se excusan lo suficiente y piden de buenas nuestra ayuda cuando no se han organizado bien y nos necesitan, los padres deberíamos ceder y ayudarles. Y, lo vuelvo a repetir, solo una vez. La experiencia es la que debe enseñarles a organizarse y hacer las cosas a tiempo, y nosotros debemos ser suficientemente firmes para darles esta oportunidad de aprender, aunque esto nos pueda ocasionar cierto malestar.

SEGUNDA ESTRATEGIA
TIME OVER

Alarmas con hora límite

—¡Lava los platos de una vez, que son las seis de la tarde!

En algunas ocasiones es necesario que los chicos y las chicas tengan lista una tarea en un tiempo determinado pero nos es complicado encontrar una consecuencia lógica de no hacerlo. En este caso nos encontramos dando una orden repetida, como:

—Jorge, ¡te he dicho veinte veces que laves los platos, hazlo de una vez, que ya no son horas!

Decirlo resulta molesto, porque nos produce la desagradable sensación de que lo que para nosotros es importante, para ellos es indiferente, y además nos genera una sensación de fracaso muy incómoda ver cómo a pesar de nuestra insistencia no obtenemos resultados.

Seguro que vives situaciones de este calibre. El ejemplo que te pongo se puede sustituir por cualquier otro de los que cotidianamente tienen lugar y que nos obligan a dar una orden repetidas veces. En este ejemplo, Jorge es el encargado de lavar los platos después de comer, pero tiene la mala costumbre de entretenerse haciendo una docena de cosas antes de ponerse manos a la obra. Es posible que tener la mesa sin recoger hasta las seis de la tarde le comporte a su familia algún tipo de molestia, por ejemplo no poder tener la cocina disponible para otros usos durante unas horas. En este caso, ¿qué podemos hacer?

Cuando no se pueda aplicar una consecuencia lógica y sea necesario tener terminadas ciertas tareas a unas horas concretas, es muy útil haber pactado previamente cuándo es el momento límite para terminarlas. En otras palabras, haber establecido claramente que «tal cosa debe estar hecha a tal hora». Al haber pactado el momento límite como si fuera una característica importante de la tarea bien hecha, será más probable que la cumplan a tiempo.

Para que no se distraigan, diles que se pongan alarmas en el móvil. Alarmas con mensajes que adviertan, por ejemplo: «Hora límite para empezar a lavar los platos». Y en tu móvil ponte otra alarma, un rato después de la suya, con un mensaje que te avise de que la tarea ya debería estar terminada. Por ejemplo: «Hora límite para tener los platos limpios».

Porque, obviamente, a pesar de que tengamos bien estipulado que los platos deben estar limpios a las cuatro a más tardar y una alarma os lo recuerde, puede que el adolescente pase de todo. Por eso, cuando pactamos una tarea por hacer, hay que pactar, además de la hora límite para hacerla, la consecuencia que se producirá en caso de no cumplir.

En esta situación, si la tarea no está hecha a la hora que nuestra alarma indica que ya debería estar terminada, la haremos los padres, pero esto tendrá como consecuencia que *el adulto no hará otro «servicio» al jovencito durante el resto de la jornada*. Por ejemplo, no le prepararemos la cena (en este último caso, procura preparar una cena buenísima para los demás para que vea lo que se está perdiendo).

De nuevo, como en casos anteriores, no es agradable sostener el conflicto. Para que todo resulte más fácil, procura obviar la situación: una vez hayas limpiado la mesa (o la tarea que sea que hayas tenido que hacer en sustitución de tu hijo por impuntualidad), intenta *no pensar más en ello*. A la hora de aplicar la consecuencia, hazlo con deportividad, sin mala cara, con tranquilidad, sabiendo que solo estás cumpliendo una parte del trato (no ayudar a quien no ha ayudado).

TERCERA ESTRATEGIA
EQUIPO DOMÉSTICO

Pactar las tareas domésticas

—¡Algún día podrías lavar los platos tú, Javi, que no haces nada en casa y yo parezco tu sirvienta!

Los hijos de nuestro contexto sociocultural están poco acostumbrados a colaborar con su familia a la hora de realizar las tareas de casa. Los padres solemos ocuparnos de todo lo referente a la limpieza, el orden y el mantenimiento, además de comprar, cocinar y cuidar.

Cuando los hijos crecen y los padres se dan cuenta de que están capacitados para contribuir a una parte de estas tareas, suelen proponerles hacer algo que esté a su alcance y que no les absorba mucho tiempo. Hay familias en que los hijos ponen la mesa y luego la recogen, llenan y vacían el lavavajillas (o lavan los platos) y tienden la ropa o la recogen, por poner algunos ejemplos.

En otras familias no lo hacen, y se ocupan estrictamente de sus cosas privadas. En este ámbito suele existir la obligación de mantener su habitación más o menos limpia y ordenada.

Es habitual en nuestro país que los hijos se acostumbren a tener un papel de *usuarios* de las cosas domésticas y no colaboren mucho en las tareas. Esto no es lo más indicado desde el punto de vista de la educación, dado que el compromiso con la comunidad comienza educando bien desde el hogar, donde se encuentra la comunidad de origen, la primera, la familia. Es en este contexto donde deben aprender, en primer lugar, que sus capacidades pueden contribuir al bien común, que sus habilidades pueden ponerse al servicio del bienestar de los demás. Contribuir a realizar las tareas de casa enseña que para la buena vida en común debe existir la contribución de los que participan en ella. Cuando los padres realizan todas las tareas y los adolescentes son solo beneficiarios, se acomodan en un papel que, si bien les es cómodo, les sitúa en un estadio de egoísmo al tiempo que coloca a los adultos de la familia en un papel servil. Además, si esto ocurre, a menos que los padres renuncien definitivamente a intentar conseguir la colaboración de los hijos, esta situación suele derivar en conflictos domésticos desagradables. Se expresan con frases del tipo:

—¡Estoy cansado de limpiar por donde pasas, haz el favor de dejar el baño limpio y recogido cuando lo utilizas!

—Te lo hacemos todo y encima te quejas, ¡deberías hacer tú la cena si lo que hay no te gusta!

—¡Encuentras siempre la ropa limpia y ordenada y no eres capaz de ponerla en la lavadora en vez de tenerla desparramada por la habitación!

—¡No puedo descansar ni un momento para tener la casa en condiciones y vosotros no tenéis ninguna consideración!

La forma en que los hijos se dan cuenta del valor del trabajo doméstico y, así, como aprenden a respetarlo y a facilitarlo, es consiguiendo que contribuyan al mismo. ¿Cómo podemos hacerlo? ¿Cómo conseguir que pasen de ser usuarios del hogar a colaboradores activos?

La técnica que te propongo para conseguirlo es la siguiente. Tiene varias fases de realización:

1. Haced, los adultos, una lista con todas las tareas domésticas que hay que hacer para que la familia funcione. Debe ser lo más larga posible, exhaustiva por lo menos. Poned en la lista todos y cada uno de las tareas y trabajos que deben llevarse a cabo para tener los servicios dados de alta, las cosas limpias y ordenadas, la comida hecha y los cuidados garantizados. Algunos ejemplos de tareas pueden ser:

   • Pagar facturas.
   • Ir al supermercado una vez a la semana.
   • Comprar el pan todos los días.

- Poner gasolina en el coche.
- Tirar la basura.
- Lavar el coche.
- Pagar el seguro del coche.
- Pasar la revisión del coche.
- Limpiar los cristales.
- Barrer.
- Quitar el polvo.
- Fregar el suelo.
- Lavar los platos o poner los platos en el lavavajillas.
- Cocinar.
- Colocar los platos limpios en su lugar.
- Poner la ropa en la lavadora.
- Tender la ropa.
- Doblar la ropa.
- Colocar la ropa en los armarios.
- Limpiar el baño.
- Regar las plantas.
- Llamar a los proveedores de servicios cuando algo falla...

    (Si tienes a una persona que te ayuda, pon en la lista solo las tareas que realizarán los miembros de la familia).

2. Convocad una reunión formal con todos los miembros de la familia (pequeños, medianos y mayores). Sentaos juntos alrededor de una mesa con papel y lápiz a mano.

3. Al comenzar la reunión, tú y tu pareja podéis explicar que os sentís sobrepasados por la cantidad de tareas domésticas que asumís. Decidles que habéis elaborado una lista de todas esas tareas, pasad una copia a cada uno de los asistentes y leedla en voz alta.

4. Una vez los hijos se hayan percatado de la longitud de la lista, decidles que no puede ser que solo los adultos se hagan responsables de todos los trabajos (no es justo) y que ha llegado el momento de repartir las tareas de manera justa, dado que por la edad que tienen están capacitados de hacerse cargo de algunas cosas que hasta ahora hacían los adultos.

5. Analizad entre todos cada tarea de la lista de arriba abajo y poned al lado el nombre de la persona que se hará responsable de cada tarea de ahora en adelante. Así los hijos verán que tu nombre y el de tu pareja aparece junto a muchas tareas, como «Pagar las facturas», «Poner gasolina», «Ir a comprar al supermercado», etc., pero que también hay varias tareas que pueden realizar perfectamente ellos solos.

6. Una vez que cada tarea se haya asignado a una persona, estableced con qué periodicidad debe realizarse. Escribidlo al lado. Después, haced un cuadro donde conste lo siguiente:

Tarea	Responsable	Periodicidad	Fecha en la que se ha hecho	Grado de satisfacción [13]

En el cuadro pueden estar las tareas de los hijos y también las

---

13. En esta casilla los adultos pueden poner la valoración «Incompleto», «Regular», «Bien», «Excelente», o lo que les parezca.

de los padres. A medida que el cuadro se vaya llenando se irá reflejando quién hace qué y si lo hace de forma satisfactoria.

Una vez cada quince días hay que reunirse de nuevo, repasar la lista y realizar las consideraciones necesarias. Por ejemplo:

—Albert cada día ha puesto y sacado los platos del lavavajillas, cada semana ha doblado y ordenado la ropa y siempre lo ha hecho de manera excelente. Por lo tanto, felicidades y a seguir así.

—Jofre cada día ha bajado la basura, ha quitado el polvo una vez a la semana, pero lo ha hecho regular (esto debe mejorar) y no ha recordado ningún día que tenía que ir a comprar el pan. Por lo tanto, debemos hacer algo para que esto mejore. Jofre, ¿qué propones? Si no tienes ninguna idea mejor, ponte una alarma en el móvil cada día que te recuerde que tienes que ir a comprar el pan.

Realizar la revisión quincenal hará que se den cuenta de la importancia que tiene el reparto de tareas y además permitirá corregir los desajustes. También puede permitirnos intercambiar tareas. Podemos intercambiarlas cada quince días o dejar que los hijos decidan cuáles cambian (siempre que mantengan la misma carga de tiempo).

Importante: si durante el período de quince días entre revisión y revisión las tareas no se realizan correctamente, limítate a anotarlo sin exigir ni repetir, sin protestar. Ya llegará el momento de realizar la revisión y hablar tranquilamente de lo que está pasando y, si hay problemas, de cómo solucionarlos.

Es bueno que los adolescentes tomen conciencia, a través de nuestra reflexión tranquila, de que su colaboración es necesaria y justa. Que, por un lado, les necesitamos para no tener que asumir toda la carga y, por otro, dado que ellos viven en casa y obtienen muchos beneficios, es justo que colaboren en la medida de sus posibilidades.

Paga semanal

En caso de que quieras que tengan una asignación de dinero semanal, condiciónala al correcto cumplimiento de las tareas.

La forma más recomendable de hacerlo es la siguiente.

Por cada tarea de la semana merecedora de un «bien» o un «excelente», se paga un tanto (por ejemplo, dos euros). Las tareas realizadas de forma «regular» pueden recibir un euro (o nada), y las que no se han cumplido satisfactoriamente o no se han realizado, no se pagan.

Sin embargo, debe haber tareas que no se retribuyan y que hay que hacer sí o sí, porque son las más básicas: poner la mesa, recogerla, lavar los platos, colocarlos en su lugar... Quien tenga atribuida una de estas tareas *debe hacerla obligatoriamente para tener derecho a recibir retribución por las demás.*

No hay un sistema infalible

Este sistema no es infalible. Al igual que otras técnicas, puede que funcione durante una temporada y que después haya que reformarlo o inventar uno nuevo. Pero tiene una función muy clara y efectiva, y es que permite que los hijos tomen conciencia de la cantidad de cosas que hay que hacer en casa y de todas las que hacemos los padres y madres para que la familia funcione (aparte de trabajar de forma remunerada las horas que tocan cada día).

Incluso en caso de que, después de intentarlo, llegáramos al punto de renunciar a la colaboración de los adolescentes en las tareas domésticas, los hijos habrían tenido la oportunidad de darse cuenta de que los adultos de la familia se ocupan de decenas de cosas necesarias y que ellos son beneficiarios privilegiados de las mismas, cómodos usuarios de unas circunstancias que otras personas les facilitan dedicando tiempo y esfuerzo. A pesar de que el adolescente a menudo adopta la actitud de quien cree que todo le es debido, haremos bien en informarle de la cantidad de cosas que los demás hacemos en su beneficio, aunque sea a modo informativo... Que siempre es, también, a modo formativo. Con independencia de su opinión, especialmente si todo «toca» hacerlo a los padres por el mero hecho de ser los padres (una opinión que a menudo nos indigna porque pone en evidencia una visión del mundo según la cual el joven es destinatario solo de derechos), y con independencia de si conseguimos cambiar o no su actitud, nuestro hijo habrá recibido una dosis de realidad: la constatación de las múltiples cosas hechas por los adultos de las que se beneficia.

A pesar del título de este apartado, que dice que no existe ningún sistema infalible, cabe decir que lo que más se acerca es mi método «coloca» (véase más adelante). Cuando tengas implantado este método —lo que conlleva un trabajo personal de actitud que implica un cierto tiempo— verás que todas las demás estrategias son innecesarias.

CUARTA ESTRATEGIA
«ANTES LA OBLIGACIÓN QUE LA DEVOCIÓN»

Posponer el ocio para después del trabajo

Los adolescentes suelen ser bastante perezosos para terminar las cosas que no les parecen prioritarias según su criterio. Todo lo que no les beneficia de forma clara y directa, o carece de una repercusión que ellos personalmente hayan decidido que es muy favorable, tiende a ser pospuesto indefinidamente. Así, por ejemplo, es muy probable que no ordenen su habitación durante días y semanas enteras a menos que tengan que recibir, por ejemplo, una visita «de compromiso» que saben que se enamorará más si ve la habitación ordenada. Que los padres insistan hasta la saciedad de que la habitación debe encontrarse en un estado tolerable no servirá de nada si no lo deciden por su cuenta.

Como no siempre podremos esperar a que encuentren un motivo suficientemente bueno para hacer lo que nosotros consideramos importante, podemos aplicar una cuarta estrategia dentro del ámbito de las técnicas que nos permiten dar menos órdenes. Una estrategia que les proporcionará un buen motivo para hacer lo que sea necesario. Como las otras estrategias, esta también tiene como objetivo evitar insistir y ayudar al adolescente a organizarse.

Consiste en utilizar la máxima que antiguamente pronunciaban las abuelas: «Antes la obligación que la devoción». Esta estrategia organizativa consiste en hacer primero lo que no nos apetece tanto para después poder hacer lo que preferimos sin sentir la carga de lo que todavía está pendiente. Es útil por lo general a cualquier edad. Para enseñársela a tu hijo, acostúmbrale a hacer primero todo lo que le suponga un esfuerzo, y que deje para después lo que le gusta hacer.

Por ejemplo, si tiene asignada una tarea doméstica, indícale que debe hacerla antes de ponerse a jugar, conectarse con sus amigos o cualquier otra cosa que le guste. Si tiene que estudiar o hacer deberes, que le dedique un rato *previo* a cualquier otra actividad. Cuando haya terminado, podrá hacer sin problemas lo que él elija, no antes. En una conversación tranquila sobre la organización familiar pacta este punto básico: primero las tareas y después el ocio. Ellos pueden entender que es una buena estrategia para:

1. Quitarse de encima lo que les da pereza.
2. No tener que escucharte repitiendo las órdenes y protestando.

A la hora de aplicarlo, si la tentación del adolescente de hacer otras cosas es muy fuerte, tendrás que forzar un poco la situación posponiendo cualquier posibilidad de disfrute hasta que haya cumplido su obligación de poner la mesa, o la que sea. No le permitas salir, jugar, conectarse ni leer (lo que le guste hacer). Retén los aparatos electrónicos. Si es necesario, esconde el *router* o usa los controles parentales del móvil y otras pantallas para impedirle hacer nada antes de tener la mesa recogida. Debe saber que sus privilegios regresarán en cuanto haya hecho la tarea que tiene que hacer. Antes no, porque «antes la obligación que la devoción».

Y un punto de atención en un detalle comunicativo: cuando tengas que recordarle que primero debe hacer la tarea para después poder disfrutar de sus privilegios, recuérdaselo siempre en positivo. En lugar de decir, por ejemplo:

—Hasta que no hayas terminado la tarea no podrás conectarte.

Dile:

—En cuanto tengas la tarea terminada podrás conectarte enseguida.

La respuesta que producen los anuncios en negativo o positivo es muy distinta; se trata de una técnica tan sencilla como efectiva.

Por supuesto que mantener esta estrategia, así como la anterior, no es fácil. Mientras hacemos estas cosas no somos los más felices del mundo, porque es mucho más agradable poner las cosas fáciles a los hijos que escucharles protestar para que hagan lo que hay que hacer. Ahora bien, cuando nos encontramos en la tesitura de mantener una posición incómoda, hay que tener en cuenta que no estamos trabajando para resolver el problema de hoy, para tener una tarde agradable ahora mismo, sino que trabajamos para resolver el problema de hacer las cosas cuando toca de aquí en adelante, aunque tengamos que pasar varios días tensionando la convivencia para conseguir que nuestro hijo entienda que hay cosas que deben hacerse dentro de unos márgenes de tiempo. La cuestión de fondo, también, es ayudarles a comprender que los privilegios se ganan o se mantienen a base de cumplir las obligaciones. Así funciona la vida de los adultos: podemos disfrutar del fin de semana de fiesta cuando hemos trabajado de lunes a viernes, y podemos pagarnos lujos cuando hemos hecho algo para obtenerlos. En definitiva, antes la obligación que la devoción.

Cuando aplicamos esta política, hasta que no estén acostumbrados a ella —es decir, las primeras veces—, los chicos y chicas pueden mostrarse indignados e incluso agresivos: les es muy difícil soportar la sensación de que el adulto tiene la sartén por el mango y que les «perjudica», y que no le pueden dar la vuelta. Sostener el conflicto, como ya hemos dicho, no es sencillo. Como padres, deberemos soportar la insistencia, comentarios poco agradables sobre nuestra forma de ser y de hacer y quizá incluso respuestas chantajistas. No sufras. Si puedes, aléjate del lugar de los hechos. Sal de casa y ve a la biblioteca más cercana a pasar un rato tranquila (con el *router* o la *tablet* o el enchufe en el bolso, si es que has tenido que alejarlos del adolescente). Cuando regreses, haz como si nada hubiera pasado. Si el trabajo ya se ha llevado a cabo, sin más comentarios, vuelve a la normalidad. Si el trabajo todavía está pendiente, intenta hacer un comentario simpático sobre la situación y sobre la confianza en la capacidad de tu hijo de cumplirlo con un pequeño esfuerzo. Es mejor que os vean tranquilos y de humor que contrariados por la situación. La simpatía siempre desbloquea más que la antipatía.

«Estudia de una vez»

Hacer antes lo que apetece menos es también una estrategia útil para los chicos y chicas a los que les da pereza hacer los trabajos académicos o ponerse a estudiar. La mejor forma de ayudarles es consiguiendo que pospongan el ocio (generalmente se tratará de pantallas) hasta que hayan dedicado algún tiempo al trabajo. A través de los controles parentales de los móviles y otros aparatos, puedes restringir el acceso a determinados juegos o aplicaciones hasta una hora concreta. Así, puedes pactar con ellos que, cuando hayan dedicado un tiempo determinado al estudio, podrán dedicarse a otras cosas. Si bien no se puede obligar a una persona de quince años a estudiar si no quiere hacerlo, sí se pueden facilitar las condiciones. (Véase el capítulo «La (des)motivación para estudiar»).

Si Pau tiene problemas de rendimiento académico y no encuentra nunca la hora de sentarse a realizar los deberes del instituto, podemos establecer que desde el momento en que llegue a casa (pongamos a las cuatro de la tarde) hasta las seis podrá destinar el tiempo a comer, recuperarse y hacer deberes, mientras que no podrá ponerse a jugar o mirar pantallas hasta después de esa hora.

En caso de que Pau destine todo el tiempo a comer y a descansar —o que cuando se siente a estudiar se distraiga contando las vigas en vez de concentrarse en el estudio—, existe otro sistema para ayudarle a aprovechar mejor el tiempo.

Se trata de una idea que tiene un pequeño inconveniente, y es que requiere de la familia la capacidad de llevar el control sobre el trabajo concreto del hijo. Consiste en que, al llegar a casa, el hijo informe del trabajo que tiene para ese día, y que los padres le ayuden a organizarse. La mejor manera es decirle que, cuando tenga terminado lo que le corresponde, te lo enseñe para que puedas autorizarle a hacer otras cosas. Recuerda anunciarlo siempre en positivo: «En cuanto hayas terminado, podrás hacer lo que te plazca».

Seguramente te habrás fijado en que las estrategias que implican realizar tareas tienen una característica común: los trabajos deben haber sido pactados previamente.

Es cierto que, como padres, debemos poder dar una orden en un momento determinado para hacer algo («Ayúdame a ordenar el garaje», «Ve a recoger a tu hermana», «Haz tú la cena hoy», «Ve a comprar leche antes de ir a casa»). Hagámoslo cuando convenga y sin problemas. En el capítulo sobre las estrategias comunicativas encontraremos la forma de hacerlo de forma efectiva y agradable. Pero también es verdad que, cuanto más pactadas tengamos las tareas que son responsabilidad de cada uno, más fluida será la colaboración del adolescente.

Por eso, a continuación te planteo cómo pactar la colaboración doméstica. Hacerlo bien será una buena herramienta de prevención del conflicto que suele darse cuando los adultos pretenden que los hijos les ayuden sin que ellos lo hayan previsto.

QUINTA ESTRATEGIA
LA REPÚBLICA INDEPENDIENTE

Preestablecer normas fijas

—Cada día tengo que decirte lo mismo: cuando llegues a casa,

¡pon la mochila y la chaqueta en su sitio y lávate las manos! Hace meses que te digo lo mismo y no hay manera...

Una buena forma de dar menos órdenes repetitivas de este tipo, que provocan mucho cansancio porque parece que nunca conseguiremos rutinizar ciertas acciones cotidianas, es establecerlas como normas de funcionamiento habitual de la familia. Un paquete de reglas que rijan la vida cotidiana, que estén escritas y sean incuestionables. Las normas, para que funcionen, deben ser pocas, claras, visibles y controlables. Veamos qué significa cada cosa y cómo podemos tener un paquete de reglas que nos ayuden a vivir más tranquilos:

1) Normas escasas

Cuantas menos normas haya, más efectivas serán. Con cinco o seis es suficiente. Tienen que tratar de aquellas cuestiones relacionadas con el funcionamiento de la vida cotidiana que más nos hacen sufrir, que más veces es necesario repetir y que más habituales son. Pero cuidado: las normas no deben servir para regular actitudes o relaciones, ya que esto son fenómenos más difíciles (o más subjetivos) de contrastar. Quiero decir que podemos establecer como regla, por ejemplo, «quitarse los zapatos al llegar a casa y ponerlos en el zapatero», pero no «tratar bien a tu hermano».

He aquí algunos ejemplos de normas que pueden ser útiles (cada familia debe establecer las suyas):

1. Norma 1. Guardar chaquetas y mochilas en el armario de la entrada en cuanto se llega a casa.
2. Norma 2. Lavarse las manos al llegar a casa.
3. Norma 3. No tener ningún móvil en la cocina/comedor durante las horas de las comidas.

4. Norma 4. Dejar los móviles en la cesta antes de acostarse.
5. Norma 5. Colgar la toalla de la ducha en el toallero cada vez que se utiliza.

Este podría ser un paquete de cinco normas básicas de una familia con adolescentes en la que hubiera determinados problemas de orden, puntualidad en las tareas y uso del móvil. Cada realidad familiar hará necesario un paquete de reglas u otro, y es necesario hacerlas a medida en función de la problemática de cada casa. Lo importante es que sean pocas y que estén numeradas. En este caso, por ejemplo, nuestro paquete tiene cinco con los números correspondientes. Esto hará que cuando tengamos que recordar a los hijos que cumplan una determinada norma, podamos referirnos a ella diciendo:

—Te estás olvidando de la norma número 3. Mira cuál es, y cúmplela.

O bien:

—Eh, haz memoria. Norma número 5.

Fíjate que no repetimos a los hijos el contenido de las órdenes sino solo su *número*. Si Eugenia se olvida de colgar la toalla, no le diremos: «Gina, no has colgado la toalla, y hay una norma que dice que la toalla debe colgarse cada vez que se utiliza», sino que le diremos: «Gina, la norma número 5». Será mucho más descansado para nosotros, pero también más saludable para la relación con los hijos. Ellos agradecen que no nos hagamos pesados y, aunque les dé pereza, son capaces de admitir (aunque sea internamente) que hay una manera adecuada de hacer las cosas y que si hay normas lógicas deben cumplirse. El sentido de la justicia de los adolescentes y su alergia a las órdenes directas ayuda a que la estrategia de las reglas preestablecidas funcione mejor que la repetición de las órdenes, sobre todo si las normas han sido consensuadas.

Si hay pocas normas, son prácticas de recordar o consultar en un momento. También es necesario que, además de ser pocas, las normas sean claras.

2) Normas claras

La forma de expresar las órdenes por escrito es importante. Tienen que ser breves y no dar lugar a dudas, referirse claramente a los hechos y no incorporar demasiados matices para evitar interpretaciones y discusiones. Es necesario que lo que se formule como norma pueda observarse claramente si se ha cumplido o no se ha cumplido. Por lo tanto, hay que utilizar pocas palabras y, antes de dar el texto por definitivo, contrastar su interpretación con todos los miembros de la familia, para asegurarnos de que todos lo entienden exactamente igual. Así, por ejemplo, NO sería útil una formulación de este tipo:

«Cada uno debe tener las cosas ordenadas en su lugar».

Esta fórmula no es adecuada porque conlleva muchos problemas de interpretación. Por ejemplo, imaginamos que Pol llega a casa y deja la mochila en el sofá. Si su padre le dice «Recuerda la norma», es posible que él responda «Ya lo haré después». Si la norma, en cambio, dice «Hay que guardar la mochila en el armario al llegar a casa», Pol deberá reconocer que, efectivamente, en ese momento la está vulnerando.

Aunque parezca extraño, tampoco está siempre claro qué quiere decir que las cosas tengan que estar «ordenadas en su lugar». Bien, para los padres sí está claro, sabemos perfectamente cuál es el lugar de cada cosa en todo momento y nos parece cargado de lógica. Pero, para los adolescentes, el lugar de cada cosa es a menudo un capricho arbitrario de los adultos que no tiene mucha importancia. Por lo tanto, es mejor que el lugar esté estipulado de modo que no haya discusión posible. Por ejemplo: debe quedar claro que el lugar de la mochila es el armario de la entrada, o la habitación de Pol. Sea cual sea, la norma debe establecerse con claridad.

Además de estar claras, las normas deben ser muy accesibles y poder consultarse en cualquier momento. Por eso te recomiendo tener las normas visibles.

3) Normas visibles

Las normas preestablecidas deben estar presentes en todo momento. Si has elegido cinco o seis, escríbelas en un papel y cuélgalo en un lugar de paso, de modo que cuando recuerdes a Pol «Eh, la norma número 1», él pueda consultarla de un vistazo. A medio plazo se las sabrá de memoria y no tendrá que consultarlas, pero igualmente es importante que estén visibles porque es una manera de tener siempre presente que las reglas existen como tales, más allá de lo que digamos los padres en cada momento.

Además de ser claras en la expresión y visibles, las normas también deben tener un fácil control.

4) Normas controlables

Por varios motivos (olvido, pereza, pasotismo...) es posible que los jóvenes menosprecien alguna norma. ¿Qué podemos hacer en ese caso?

En primer lugar, un elemento de prevención: debe haber un encargado de hacer cumplir las normas (y *no necesariamente debemos ser los padres*). En cada familia puede haber un encargado semanal, quincenal o mensual que controle su cumplimiento, y él será quien se ocupará de recordar a quien corresponda que en un momento dado se ha saltado una regla. Lo hará con simpatía y dando un toque de atención leve:

—Eh, Marcos, la norma 4, recuerda.

En caso de incumplimiento reiterado de una norma por parte de un miembro de la familia, un adulto hablará en privado con él o ella para tratar de encontrar una solución. El encargado de hacer cumplir las normas anotará las faltas no corregidas (es decir, las veces que le ha avisado y el incumplidor no ha rectificado), y cuando acumule media docena avisará al adulto que lo pueda hacer mejor para que este tenga una charla tranquila y seria sobre el tema (en el capítulo sobre estrategias comunicativas veremos cómo hacerlo para tener éxito).

CAPÍTULO 8

CÓMO SOPORTAR EL CALOR DE LOS INCENDIOS O CÓMO VIVIR LOS CONFLICTOS

Muchos días, los malestares funcionan como el fósforo de las cerillas. Cuando hay un malestar —del hijo o nuestro— y se produce un roce, se enciende un fuego. Imaginemos, por ejemplo, que ya le hemos dicho a nuestro hijo la misma cosa cuatro veces, y a la quinta… cuando ya se nos empieza a terminar la paciencia, nos dice de mala gana:

—¡Cállate, pesada, que ya me lo has dicho cuatro veces!

Es probable que, en justa correspondencia con su malhumor, le digamos, varios decibelios por encima del tono habitual:

—¡Pues hazlo de una vez, si quieres que me calle, so memo!

Somos humanos, las chispas encienden las llamas.

También merece la pena poner un ejemplo en sentido inverso, porque si un malestar de nuestro hijo (que puede ser desconocido para nosotros) topa con nuestra insensibilidad (aunque sea una insensibilidad inocente), también se puede encender.

Imaginémonos que Mariona está inquieta porque no tiene tiempo de terminar un trabajo importante, y que nosotros (que no tenemos ni idea de eso) le soltamos lo siguiente:

—Hace muchos días que espero que me ayudes a ordenar los estantes del garaje, te tengo dicho que me avises cuando dispongas de un momento, y parece que ese momento no llega nunca… Está claro que no tienes mucho interés. Pero de hoy no pasa.

Es posible que ella, sintiéndose acusada y con los nervios a flor de piel por la falta de tiempo, nos lance un desagradable:

—¡Ya veo que esa obsesión no te deja vivir, como si no hubiera nada más importante![14]

Por el motivo que sea, a veces los conflictos se encienden.

Si, a pesar de los sistemas de prevención del capítulo anterior, «se monta un cristo»… ¿qué podemos hacer para vivirlo de la mejor forma posible?

Desde que salta la chispa hasta que el fuego se extingue, internamente se nos remueven fuerzas difíciles de controlar. Son fuerzas naturales, que muchas veces nos llevan a hacer o a decir cosas que no querríamos, y que a menudo parecen meter más leña al fuego.

La combustión de esta leña nos sube la temperatura corporal, acelera las pulsaciones del corazón, nos desfigura la cara y sube el volumen de la voz. Además, una fuerza irresistible nos mantiene sobre el terreno, nos inmoviliza: no querríamos estar allí y, sin embargo, no somos capaces de alejarnos del bosque que arde.

---

14. Según el grado de atrevimiento, el nivel de rebeldía u otros factores, este tipo de respuesta puede ser más o menos agresiva, pudiendo ir desde un suspiro y unos ojos en blanco hasta una auténtica ofensa.

Saber vivir el conflicto como padres significa saberlo sostener, saber transitar por esta situación emocional tan intensa y poco agradable de la forma menos dolorosa y más educativa posible. ¿Cómo se hace?

Como la educación emocional que hemos tenido suele ser más bien pobre y todos hacemos lo que buenamente podemos, merece la pena recurrir a ciertas estrategias útiles para no quemarnos a pesar del fuego que sentimos dentro. A continuación te presento las más accesibles, que nos ayudarán mucho a sentirnos mejor y a no añadir leña al fuego.

PRIMERA ESTRATEGIA
REGLA 3^3

Tres al cubo. Te aconsejo escribir esta operación matemática en el dorso de la mano para recordarla y así poder utilizarla a menudo.

La estrategia consiste en lo siguiente: cuando intuyas una situación desagradable, haz lo contrario de lo que te dicte el instinto. Es decir, en vez de acercarte al lugar donde se está produciendo el hecho, date la vuelta y da tres pasos (largos) en sentido contrario. A continuación, respira profundamente tres veces. En cada respiración, cuenta hasta tres mientras inspiras, aguanta el aire tres segundos y cuenta hasta tres mientras espiras. Una vez hayas hecho estas tres respiraciones, decide cómo afrontar la situación.

Por ejemplo: son casi las siete, llegas a casa con las bolsas de la compra a rebosar y signos visibles de extenuación —que son evidentes porque además procuras acentuarlos para que todo el mundo se dé por aludido—, y lo primero que ves es a Martí tumbado en el sofá con el móvil en las manos. Su mochila del instituto está en el suelo sin abrir, la mesita del sofá está llena de migas y la cuchara que ha utilizado para remover la taza de cacao reposa sobre la mesa decorada con unas buenas manchas de leche amarronada. Por la información que tienes, Martí debe terminar un trabajo para mañana y pasado mañana tiene un par de exámenes.

¿Qué es lo que te surge de dentro? Si no me equivoco mucho, dirigirte directamente a Martí para lanzarle cuatro frescas y ponerlo en solfa.

Si nos dejamos llevar por la fuerza que nos impulsa a actuar en esta dirección, es muy probable que Martí rebufe, vuelva a rebufar mientras seguimos protestando a más volumen y finalmente se levante del sofá parsimoniosamente y se cargue la mochila a la espalda. Eso sí: se olvidará de recoger el plato y las migas y por supuesto dejará allí la cuchara con las decorativas manchas marrones. Lo que comportará automáticamente que aumentemos el tono de nuestras exigencias, sulfurados por la desidia insidiosa de la que hace gala nuestro hijito:

—¡Vuelve aquí a recoger los restos de la mesa!

La regla de tres al cubo nos ayudará a desempeñar un papel mucho más elegante y nos permitirá optar, después, por procedimientos más tranquilos y efectivos. Así pues:

1. Cuando observamos la estampa con Martí de protagonista y el sofá como escenario, nos volveremos y daremos tres pasos en la dirección más alejada posible.
2. Realizados estos tres pasos, nos detendremos a dar las tres respiraciones. Nota: si Martí nos puede ver corremos el riesgo de que nos diga algo, y ahora mismo no nos conviene. Por lo tanto, puede que debas dar más de tres pasos para ir a otra habitación donde no haya nadie (o bien donde haya alguien que te reciba con los brazos abiertos y ganas de verte).

3. Hacemos las tres respiraciones contando hasta tres despacio mientras inspiramos, mientras mantenemos el aire contenido y mientras espiramos.

4. Buscamos, entre los recursos que tenemos, cuál es el más efectivo en este caso. Recuerda las estrategias del apartado anterior. Si no las recuerdas de memoria, ten a mano este libro para poder hojearlo.

Es posible que ahora seamos capaces de sentarnos junto a Martí, suspirar y decir, sencillamente:

—Ah, qué cansada estoy… Quizá dentro de un rato podamos ir los dos a ordenar la compra y empezar a preparar la cena.

Siéntate, haz algo que te distraiga (leer, mirar el móvil…) y espera a que el adolescente diga, cuando el hambre le apriete:

—¿Qué, no preparamos la cena?

Si «se equivoca» y dice «¿Qué, no haces la cena?», le puedes responder:

—¿Yo? ¿No cenamos los dos? Pues preparémosla juntos, que es más justo.

SEGUNDA ESTRATEGIA
EL ABRIGO

Otra forma de soportar mejor la tensión que sentimos cuando estamos en conflicto con nuestro hijo adolescente es buscar la escucha y la comprensión de personas que nos quieren. Llamar a un amigo o amiga (a ser posible, que tenga hijos adolescentes), a la pareja o a alguien del círculo de confianza, puede servir para que descarguemos parte de la tensión y aliviar el malestar.

En esta conversación podemos hacer dos cosas: o bien hablar de lo que nos pasa y pedir consejo, o decir que les llamamos porque necesitamos distraernos de la situación que tenemos. No temas: te entenderán y te aguantarán; si son padres de adolescentes, ellos pueden necesitarlo en otro momento… Y además les estás haciendo un pequeño favor, porque siempre tranquiliza saber que todos sufrimos un poco del mismo mal.

TERCERA ESTRATEGIA
LA NOVELA-REFUGIO

Este título es literal. La estrategia para relajarnos en caso de conflicto —tanto si lo vemos como si ya se ha armado— es refugiarnos en la habitación y leer unas cuantas páginas de una novela que tengamos comenzada. Lo digo muy en serio: si nos tumbamos en la cama y leemos, la ficción nos lleva hacia otros paisajes y otros acontecimientos, y la realidad desagradable queda por un rato en segundo término, no ocupa la parte central de nuestro cerebro. Pasado un rato de lectura (con diez minutos es suficiente), estaremos preparados para salir de la habitación con más aplomo y serenidad para dar una buena respuesta al problema planteado por el hijo.

Si no eres lector de novelas, la adolescencia de los hijos es un buen momento para empezar. Te serán de mucha ayuda.

CUARTA ESTRATEGIA
LA LISTA DE IDEAS

Para los momentos de rabia, ten a mano una lista de ideas que te ayudarán a vivir la situación con más calma.

Te sugiero que contenga ideas como estas:

1. No es urgente que yo haga nada AHORA MISMO. Es mejor que espere.
2. En general tengo una buena vida: tenemos salud, una casa donde vivir y podemos poner el plato en la mesa tres veces al día (o lo que sea que te haga sentir bien).
3. Mi hijo o hija es adolescente. Su forma de ser y de hacer de ahora NO será su manera de ser y de hacer cuando sea mayor.
4. Mi hijo o hija tiene estas virtudes: (escríbelas).
5. Hay cosas más importantes que lo que está ocurriendo ahora mismo. Esta situación es molesta, pero es menor comparada con otras cosas que podrían estar ocurriendo. En unos minutos iré a gestionarla con alguna de las herramientas que tengo.

A continuación, decide qué harás (elige una de las formas de gestionar el conflicto del apartado anterior o del apartado siguiente sobre cómo llegar a acuerdos, según te convenga).

QUINTA ESTRATEGIA
DESAPARECER

Ante una situación desagradable como una escena de desidia, el desorden, una mala respuesta, la impuntualidad o el conflicto entre hermanos, di con sencillez y sinceridad:

—Lo que está ocurriendo no me gusta. Después hablaremos de ello.

A continuación, vete de casa o enciérrate en el baño. La cuestión es desaparecer de la vista de tu hijo o hija (y que, en correspondencia, él o ella desaparezca de tu vista sin necesidad de sacarlo de donde está). Deja pasar quince minutos. Ponte una alarma en el móvil y comprométete contigo mismo a no interactuar con el hijo o hija hasta que la alarma suene. Muchas veces, cuando vuelvas al lugar de los hechos el adolescente habrá arreglado la situación. Es una especie de milagro que, de hecho, es el premio a la calma. La explicación de este «milagro», que no es tal, es que los hijos quieren ahorrarse nuestra ira y, si les advertimos levemente con la expresión «Lo que está pasando no me gusta» y a continuación nos marchamos, ellos se encuentran con el espacio necesario para proceder a arreglar la situación sin tener que responder a la presión.

SEXTA ESTRATEGIA
NO CREERSE DEL TODO LO QUE DICE QUE PIENSA

En la olla donde hierve el conflicto de poder entre padres e hijos conviven muy a menudo la voluntad contestataria y la necesidad de distinguirse por contraste. El adolescente puede querer, por motivos diversos, mostrarse diferente a los padres que quieren moldearlo, incluso de forma radicalmente diferente a cómo es. Debemos tener en cuenta que esto puede ser una necesidad real de autoafirmación. De decir, a través de los hechos, «yo soy yo y no soy tú». Si este es el caso —y es frecuente que lo sea— esto solo implica que nuestro hijo se afirma como persona que tiene ganas de pensar por su cuenta y que en un momento dado siente la necesidad de contrastarse respecto a los padres para sentirse independiente, para sentir que tiene el control de las riendas, para sentir que es mayor. Desde el momento en que entendemos esta necesidad, podemos gestionarla mucho mejor evitando que lo que el hijo dice que piensa sea motivo de discusión.

SÉPTIMA ESTRATEGIA
SER EMPÁTICOS Y ASERTIVOS

A veces los adolescentes nos someten a mucha presión para obtener permiso para hacer algo. No autorizarles a hacer lo que les apetece no es agradable ni fácil, porque lo más probable es que topemos con su resistencia, que a veces es dura. Algunas familias ceden siempre por no tener que sostener el conflicto, pero esto puede ser perjudicial para los adolescentes, que deben ir ganando terreno para la libertad progresivamente, a medida que son capaces de actuar de forma responsable.

A continuación planteo tres formas de actuar cuando un adolescente presiona para poder hacer algo que los adultos no tienen claro que deba poder hacer:

1. Posponer la respuesta y decir cuándo se la daremos.
2. Avisar si prevemos que no les va a gustar.
3. Excusarnos con nuestras obligaciones como padres y madres.

1) Posponer la respuesta y decir cuándo se la daremos

Cuando un adolescente quiere permiso para salir, para volver tarde, para ponerse un *piercing* o para ir de vacaciones con sus amigos, no siempre sabemos qué decirle en un primer momento. En este caso, lo mejor es posponer la respuesta:

—Ahora no sé qué decirte. Tengo que pensar y más tarde volveremos a hablar de ello.

Generalmente ellos se muestran impacientes e insistentes, pero si les acostumbramos a tener que esperar, pronto se limitarán a preguntar:

—¿Cuándo me lo dirás?

Entonces lo mejor que puedes hacer es poner día y hora. Si no lo haces, si te limitas a dar largas, al cabo de un rato volverán a decir:

—¿Te lo has pensado?

Por eso es mejor poner día y hora, al estilo:

—El viernes a las cuatro tendré una respuesta.

Es la mejor manera de estar unos días tranquilos mientras te tomas el tiempo para pensar, y también es una buena técnica para ponerte un tiempo límite para tomar una decisión.

2) Avisar si prevemos que no les gustará

Si prevemos que la respuesta no será de su agrado, es mejor advertirlo antes con una frase como:

—Lo que te diré seguramente no te va a gustar. Lo entiendo y lo lamento, pero las cosas no siempre son como quisiéramos. Si te lo tomas mal, mantén las formas, tu disgusto no justifica que no trates bien a los demás.

Decir esto no asegura que lo consigamos, pero es una forma de educar. Les estamos explicando que en la vida tendrán que recibir malas noticias y mostrar buenas maneras.

3) Excusarnos con nuestras obligaciones como padres y madres

Después de negar el permiso, podemos decir que hacer de padre/madre a veces comporta estos inconvenientes. Por ejemplo, así:

—Sé que te gustaría mucho y que te haría mucha ilusión. Aunque me gustaría más decir que sí a todo lo que me pides, no te doy permiso para hacerte un tatuaje. Si te dijera siempre que sí, incluso en contra de mi criterio, entonces no estaría haciendo bien mi trabajo como padre/madre. Por desgracia, para hacer bien mi papel ahora tengo que decirte que no.

Si después de negarles el permiso para hacer algo los hijos están contrariados, disgustados y ariscos, debemos considerarlo normal y un derecho. No vale la pena insistir en explicaciones como si pretendiéramos que nos disculparan. Tampoco debemos obligarles a poner buena cara ni a ser sociables. Mientras no maltraten, ya es suficiente. Es necesario respetar el derecho a estar de malhumor y a querer mantener las distancias. Pueden necesitar un tiempo y un espacio para sobreponerse al disgusto o al berrinche, así que haremos bien en concedérselos respetuosamente. En esta situación, tomar la novela-refugio o hacer cualquier otra cosa que nos distraiga será la mejor idea para vivir tranquilos.

OCTAVA ESTRATEGIA
EL CONVERSADOR IDEAL

Se trata de poner en marcha una capacidad divertida y algo teatral. Es algo difícil, así que la reservamos para quienes ya tienen dominadas otras técnicas y desean un nivel «pro».

Consiste en jugar el papel del conversador ideal que nos gustaría tener delante. Es decir, imaginar cómo nos gustaría que nos respondiera exactamente nuestro padre/madre si nosotros fuéramos el hijo o hija. Calcar el tono de voz, el tipo de frase y los gestos que nos gustaría que nuestro padre/madre hiciera si nosotros fuéramos su hijo o hija (papeles invertidos). Este padre o madre ideal no tiene por qué ceder en sus contenidos. Solo debería mantener la conversación de una manera concreta en cuanto a las formas (repito: tono, tipo de palabras y gestos).

Por ejemplo, quizá nos gustaría que para hablar se sentara a nuestro lado y no nos señalara amenazadoramente con el dedo. Quizá valoraríamos que destacase algo positivo de nuestro comportamiento. Quizá apreciaríamos que no nos interrumpiera. Todo ello casa con lo que abordaremos a continuación: ¿cómo hablar sin acabar discutiendo? ¿Cómo tener un diálogo provechoso cuando se trate de resolver un conflicto? Antes, sin embargo, una observación sobre lo que hemos dicho hasta ahora...

Démonos tiempo

Si te has fijado, muchas de las técnicas para sostener los conflictos cuando ya han tenido lugar, tienen que ver con posponer un poco nuestra respuesta. Y es que nada nos obliga a afrontar la situación desagradable de inmediato. No hay necesidad de intervenir en el momento justo cuando se produce. Poder retrasar nuestra respuesta, dejar pasar unos minutos entre lo observado y nuestra reacción, nos pone en una situación mucho mejor para dar la respuesta adecuada. Como no es fácil y lo más automático es abalanzarnos hacia lo que no nos gusta, vale la pena utilizar las estrategias que nos permiten separar la observación de la respuesta. El hecho puede ser una imagen desagradable (el caos, la suciedad), una respuesta insolente, un gesto, una mirada que nos subleva. Cualquier hecho de este tipo es susceptible de sacarnos de quicio. Por lo tanto, ante cualquier actitud del adolescente tenemos el derecho —para proteger nuestra serenidad y, con ello, educar mejor— de apartarnos de la escena hasta que hayan pasado unos minutos y estemos mejor capacitados para dar una respuesta.

CAPÍTULO 9

CÓMO EXTINGUIR LOS INCENDIOS O CÓMO RESOLVER LOS CONFLICTOS

Hay varias formas de poner fin a los conflictos entre padres e hijos adolescentes:

1. Dejándolos correr.
2. Aplicando una consecuencia pactada previamente por si se daba el conflicto en cuestión.
3. Imponiendo una represalia unilateral que pueda servir de lección.
4. Dialogando, manteniendo una conversación tranquila sobre el tema.

Cada uno de estos sistemas tiene ventajas e inconvenientes. Y lo importante es que, decidamos lo que decidamos, se apliquen de la mejor forma posible. Valorémoslos uno por uno y veamos cómo hacer un buen uso de ellos.

PRIMERA ESTRATEGIA
DEJARLO CORRER

A veces vale la pena hacer como si lo ocurrido... no hubiera pasado. La adolescencia, como vemos, da muchas ocasiones de chocar o tener fricciones, y no siempre podemos convertirlas en un asunto que nos ocupe. Si la cuestión es menor, si no tiene que ver con valores importantes, si no nos escuece mucho en definitiva... hacer como si nada hubiera pasado puede ser lo más sano, lo más fresco y lo que nos permitirá vivir mejor.

Para hacerlo bien, debemos decidir conscientemente que lo que ha pasado no tiene la importancia para convertirlo en un tema de Estado y poner buena cara. Hay que pensar que «agua pasada no mueve molino».

SEGUNDA ESTRATEGIA
APLICAR UNA CONSECUENCIA PACTADA PREVIAMENTE POR SI SE DABA EL CONFLICTO EN CUESTIÓN

Se trata de tener pactadas previamente (y escritas para poder recordarlas) consecuencias asociadas a ciertos comportamientos no admisibles. De este modo, cuando se produce uno de estos comportamientos, solo es necesario consultar cuál debe ser la respuesta.

A la hora de aplicar las consecuencias, seamos muy cuidadosos: que la fuerza del berrinche no nos haga aumentarlas y que la pena por nuestros hijos no nos haga disminuirlas. Para los chicos y chicas, en el fondo es muy importante saber que somos personas fiables. Necesitan tener la certeza de que hacemos lo que decimos. Esto se da tanto cuando tenemos que hacer cosas que les gustan (¡por supuesto que entonces quieren que seamos fiables!) como cuando lo que tiene que pasar no les gusta. En este último caso, y aunque aparentemente se rebelan y quieren evitar que se aplique la consecuencia acordada, también necesitan constatar en el fondo que somos capaces de cumplir lo pactado.

Es más importante de lo que parece: si aplicamos las consecuencias anunciadas (para ir bien, sin discutir y sin perder la calma, porque no es necesario) los adolescentes se dan cuenta de nuestra capacidad de gobernar la situación y aprenden a respetar nuestra posición, puesto que los primeros que la respetamos somos nosotros mismos. Esto, a pesar de la rabia que puedan tener en un momento determinado:

1. Les da tranquilidad y confianza.
2. Les permite aprender a respetar los pactos.
3. Les advierte de la necesidad de pensar en las consecuencias de sus actos antes de emprenderlos.
4. Alimenta el respeto a los padres como personas confiables.

TERCERA ESTRATEGIA
APLICAR UNA REPRESALIA UNILATERAL
QUE SIRVA DE LECCIÓN

A veces ocurren cosas para las que no teníamos prevista una consecuencia acordada y que pensamos que reclaman una respuesta en forma de acción unilateral por parte de los padres. Cuidado: el adolescente no es un niño, su amor propio le puede despertar un gran recelo ante este tipo de actuación. Por lo tanto, cuando lo hacemos debemos ser «higiénicos», hacerlo de una manera muy precisa y limpia. Para que vaya bien, la represalia debe ser una acción:

1. Puntual.
2. Corta en el tiempo.
3. Muy ajustada a lo ocurrido.

Después de aplicar la represalia podremos hablar de lo que ha sucedido siguiendo lo que aconseja la cuarta estrategia, pero a veces es necesario —y eso la intuición suele indicarlo bastante bien— que ocurra algo en forma de «respuesta práctica».

Un par de ejemplos:

— Si Paula ha quedado para salir cuando nos había dicho que quedaba para estudiar, podemos prohibirle salir la próxima vez que tenga intención de hacerlo por ocio y hacer que se quede a estudiar para compensar.

Ya sabemos que, cuando tenga que quedarse en casa a la fuerza, no pasaremos una tarde perfecta: nos pondrá morros y nos soltará alguna insolencia sobre nuestra manera rígida de ser. Pero mostrarnos serenos y convencidos de nuestro criterio y de la represalia que hemos escogido contribuirá a que, a la larga, Paula nos tenga más confianza y respeto.

— Si Adrià se salta las clases, podemos «saltarnos» nuestro compromiso de llevarlo al partido de baloncesto con su equipo el sábado por la mañana.

Ya sabemos que faltará a su compromiso con el equipo y que esto tendrá consecuencias sobre él por parte del entrenador y también sobre nosotros por parte de Adrià, debido a la rabieta que cogerá: estará de morros todo el fin de semana. Pero habrá vivido una represalia puntual, corta y ajustada, y habrá aprendido que los padres no nos dejamos tomar el pelo sin consecuencias.

Recordemos que hay que tener mucho cuidado: el carácter adolescente hace muy probable que, si tratamos a los jóvenes como si fueran niños imponiéndonos con este tipo de represalias, tengan ganas de buscar nuevas formas de saltarse el control de los padres. Por eso este sistema solo está indicado si, por el conocimiento que tenemos del carácter de nuestro hijo y de su momento evolutivo, pensamos que puede tener un efecto disuasivo. Si no, es mejor optar por la estrategia del diálogo.

CUARTA ESTRATEGIA
DIALOGAR

Mantener una conversación tranquila sobre la cuestión

Una de las cosas más constructivas que podemos hacer cuando hay un problema es hablar de ello con tranquilidad. Pero esto no es fácil, y lo cierto es que muchas veces lo intentamos y fracasamos en el intento, porque empezamos bien, pero acabamos discutiendo. Por eso necesitamos aprender el arte de hablar de los desacuerdos sin acabar discutiendo.

Hablar de desacuerdos sin acabar discutiendo es un arte cuando se trata de hacerlo con un adolescente que es nuestro hijo. Las artes, a diferencia de las técnicas, implican sensibilidad, agudeza e intuición. A continuación te cuento cómo intentar poner en juego todo esto a la hora de mantener una conversación sobre un problema.

En primer lugar, necesitamos algunos elementos, que son:

1. Tiempo.
2. Calma.
3. Capacidad.

1) Tiempo

Mejor no hablar si tenemos prisa. Ya lo haremos cuando tengamos tiempo (nada es tan urgente). Este tiempo debemos tenerlo tanto nosotros como nuestro hijo. Por lo tanto, cuando queramos empezar una conversación, lo primero que debemos hacer es verificar que es un buen momento. Cuando lo sea para nosotros, preguntaremos al adolescente:

—¿Es un buen momento para ti para hablar de un tema?

Si es que sí, adelante. Si es que no, preguntémosle «¿En qué momento te irá bien?» y tratamos de acordar una hora adecuada para ambos.

Forzar la conversación cuando nos dicen que no es un buen momento suele ser mala idea, porque ya empezamos forzando la situación. No es que no tengamos derecho a hacerlo, es solo que si lo que queremos es ser efectivos... cuanto más predispuesto esté el adolescente a conversar, más posibilidades de éxito tendremos.

2) Calma

Enojados, nerviosos, no podemos empezar una conversación constructiva. Nos podrán el orgullo, los miedos, el amor propio y los sentimientos negativos de todo tipo. Antes de empezar a hablar, vale la pena comprobar que estamos calmados. Podemos calmarnos repasando nuestra lista de «pensamientos que ayudan» y respirando profundamente unas cuantas veces. Todo en pro del mejor resultado posible.

3) Capacidad

Además de tiempo y calma, nos irá bien capacitarnos conociendo ciertos recursos que garantizan que una conversación sea fluida y no se tuerza a la primera discrepancia. Estos recursos son los que te cuento a continuación:

Recursos para mantener una conversación constructiva

a. Verificar la disponibilidad.
b. Aclarar los hechos objetivos.
c. Explicar tu vivencia del evento (sin juicios ni calificaciones).
d. Hacer una petición concreta.
e. Explicar el porqué de la petición: el estado deseado.
f. Escuchar (este paso también se puede dar entre los pasos a y b).
g. Confeccionar el acuerdo de futuro.
h. Agradecer y despedirse previendo una conversación futura.

a) Verificar la disponibilidad

Ya hemos hablado de ello hace un momento al mencionar la necesidad de disponer de tiempo. Se trata de asegurarnos, antes de emprender la conversación, de que nuestro hijo está disponible para tenerla.

Los padres a veces tenemos la urgencia o simplemente nos viene bien tratar algún tema cuando no es un buen momento para el adolescente. Es mejor posponer ciertas conversaciones hasta que sea un momento adecuado para todos. Así, es cuestión de saber ver cuándo no están de humor para hablar de algo y de respetarlo. Esto no quiere decir que lo tengamos que posponer indefinidamente, si al jovencito nunca le apetece: quiere decir que le podemos hacer saber que estamos esperando un momento mejor para hablar de algo importante. Con frases como:

—En otro momento hablamos. A veces a mí también me gusta que me dejen en paz.

Es una forma sencilla y empática de demostrar respeto por el humor del momento. A continuación, es mejor ir a otro sitio o, en caso de quedarnos juntos en la misma estancia, no decir nada más.

Si queremos saber cuándo será un buen momento para hablar de algo, podemos preguntar, por ejemplo:

—Quiero hablar de la discusión que has tenido antes con tu hermana. ¿Cuándo será un buen momento para ti?

Puede que se sienta como si pidiera hora al dentista, pero es mejor poner en marcha una conversación sobre la discusión con la hermana en un momento en que el adolescente tiene la cabeza —y el corazón— en otro lado.

Sin embargo, si el tema del que hay que hablar es lo suficientemente grave y urgente y tu hijo está haciendo otra cosa, no tengas recelo en acercarte, pedirle que te mire y decirle:

—Por favor, deja lo que estás haciendo y concéntrate en mí, que tenemos que hablar en serio.

También puede que el hijo o la hija quiera hablar de algo cuando no es un buen momento para los padres. En este caso, hay que decirlo francamente y también decir cuándo será un buen momento o dejarle claro que, cuando lo sea, lo buscaremos para poder hablar de lo que le conviene.

Podemos decir, por ejemplo:

—Ya veo que te conviene hablar de esto, pero ahora no es un buen momento para mí. A eso de las siete, si te va bien, hablamos.

O bien:

—En cuanto pueda hablar contigo, te aviso.

b) Aclarar los hechos objetivos

Significa describir la situación concreta que nos ocupa y no hacer una lista de quejas ni reprochar eventos pasados.

En este punto de inicio debemos ser estrictamente descriptivos: descartemos interpretaciones y juicios de valor. Debemos ceñirnos al hecho. No critiquemos ni nos quejemos del hecho. Sencillamente, describámoslo tal y como es.

Se trata de explicar lo que es claro y objetivo y sobre lo que no puede haber discusión. Por ejemplo:

—Ayer dijiste que lavarías los platos y no lo hiciste. Cuando hoy te lo he recordado, me has dicho que era una pesada.

Otro ejemplo:

—Esta mañana has estado jugando con la videoconsola mientras yo estaba fuera, cuando me habías dicho que estudiarías. Cuando he vuelto la has escondido y me has dicho que habías estado estudiando.

c) Explicar tu vivencia del evento (sin juicios ni calificaciones)

Se trata de hablar de lo que hemos vivido nosotros (el padre, la madre) y no, en ningún caso, de calificar con adjetivos lo ocurrido. Hay que decir qué sentimos, qué pensamos —de nosotros, del hijo, de la relación con él— y cómo hemos actuado o cómo hemos pensado actuar.

Por ejemplo:

—Cuando esta mañana he visto que los platos todavía estaban sucios, me he sentido molesta porque no me gusta ver la cocina sucia cuando me levanto y porque confiaba en que habrías cumplido lo que habías dicho. He pensado que tenías que solucionarlo y por eso te he hecho el comentario que te he hecho. Te lo he dicho con tono enfadado porque estaba enfadada de verdad. Cuando me has dicho que era una pesada me he enfadado aún más.

Fíjate que en ningún momento decimos cosas como «No hay derecho a que no hagas lo que dices que harás» o «Tu desidia no tiene límites» o «Cada dos por tres pasas de hacer lo que te mando» o «Aquí todo el mundo hace su trabajo menos tú, que te aprovechas de los demás». Tampoco decimos «Eres una dejada» o «Contigo no se puede contar, no eres de fiar». Ni juzgamos ni calificamos al adolescente, sino que nos limitamos a hablar de cómo nos hemos sentido nosotros en función de lo que ha pasado (molestos, indignados...).

d) Hacer la petición concreta

Hay que decir exactamente cuál es el cambio que queremos. Es mejor expresarlo con frases en positivo. Por ejemplo:

—Te pido que laves siempre los platos por la noche.

Mejor que:

—Te pido que no vuelvas a dejar los platos sucios por la noche.

Otro ejemplo:

—Quiero que evites decirme pesada cuando lo que te digo no te gusta.

Mejor que:

—No quiero que me digas que soy una pesada.

e) Explicar el porqué de la petición: el estado deseado

Como ya hemos dicho al hablar de las estrategias comunicativas para evitar conflictos [15] —aunque parezca una obviedad—, a

---

15. Concretamente en la quinta estrategia, «Me sentiría muy contento».

los adolescentes les va muy bien que les digamos lo que ganaremos nosotros si se comportan como les pedimos. Puede parecer que les importa un rábano, pero en realidad les gusta hacer cosas que saben que aprobamos y valoramos. Por lo tanto, hay que acompañar siempre las demandas con un breve argumento sobre por qué queremos lo que queremos y qué ganaremos con ello.

Por ejemplo:

—Para sentirme mejor cuando me levanto, para empezar el día con una sonrisa.

—Para tener la satisfacción de que las cosas están en su sitio y todo puede volver a empezar como en una página en blanco y así estar mucho más contenta y tranquila.

f) Escuchar

Antes o después de hablar nosotros, el adolescente debe poder decir lo que opina. Es necesario invitarle a hablar de su manera de vivir la situación para que se sienta más predispuesto a encontrar una solución constructiva. Por lo tanto, antes o después de nuestra intervención hay que decir:

—Estoy dispuesta a escuchar cómo has vivido esta situación, me gustará escuchar tu punto de vista sobre lo ocurrido.

Ahora nos toca escuchar, y es que para que una conversación sea una conversación no solo hablamos sino que también escuchamos. Escuchar bien es tan importante o más que hablar bien, porque produce en el adolescente la sensación de que le damos importancia y lo tenemos en consideración (algo importantísimo si recordamos que, como explicaba en el primer capítulo, él quiere tener la sensación de ser tratado como un adulto).

Para escuchar bien es necesario hacer una serie de cosas que permitirán que quien habla se sienta atendido y comprendido.

Como son las mismas que hay que hacer cuando queremos cultivar la confianza de los hijos adolescentes en los padres, las encontrarás explicadas en el apartado «Cómo hacer que los hijos nos tengan confianza», sección «Ser oyentes agradables».

g) Confeccionar el acuerdo de futuro

Cuando todos hayamos dicho lo que opinamos, es cuestión de llegar a una conclusión. La mejor forma es presentar una opción diciendo:

—¿Qué te parece si... (y nuestra idea de solución para el futuro)?

Cuando nos hayamos puesto de acuerdo sobre lo que habrá que hacer la próxima vez en una situación similar a la que nos ocupa, es necesario cerrar la conversación y realizar un acto de prevención. Es el último punto que conviene tener en cuenta:

h) Agradecer y despedirse... previendo una conversación futura

Se trata de reconocer, con lenguaje verbal y no verbal (un gesto de cariño, una sonrisa...), que estamos satisfechos de haber tenido la conversación y que confiamos en que a partir de ahora las cosas se harán mejor. Y también de fijar un momento en un futuro próximo para verificar que las cosas van tal y como hemos quedado. La confianza y la cita de verificación serán clave para que el acuerdo prospere. Así, por ejemplo, en el caso de lavar los platos después de cenar podemos decir:

—Me alegro de haber podido hablar del tema y haber aclarado mi necesidad, te agradezco que te hayas hecho cargo y también te agradezco tu propósito de mejora. Confío en ti. En una semana podemos volver a hablar de ello, para evaluar cómo va.

En caso de que seamos los padres quienes tengamos que realizar algún cambio —o todos, padres e hijos—, también podemos quedar dentro de unos días para verificar los progresos del acuerdo:

—Qué bien que hayamos hablado de lo que nos pasa. Hemos podido aclarar las necesidades de todos y seguro que ahora lo haremos mejor. Gracias por escuchar y por decir lo que piensas. En una semana nos sentamos de nuevo para confirmar que ya vamos mejor.

Tal y como hemos quedado, al cabo de unos días (para ir bien, una semana), es cuestión de sentarse de nuevo con el objetivo de revisar el acuerdo. Si todo va bien, nos felicitaremos por el cambio.

¿Y si el acuerdo no se ha cumplido?

En caso de que el acuerdo no se haya cumplido, deberemos hablar de cuál será la consecuencia práctica en caso de que siga sin cumplirse. Esta consecuencia deberemos tenerla pensada previamente y la anunciaremos al adolescente para que la pueda tener en cuenta a la hora de decidir si quiere seguir incumpliendo el acuerdo.

Nos daremos una semana más para cumplir el acuerdo, que ahora tiene asociada una posible consecuencia en caso de incumplimiento. Y si a pesar de ello el acuerdo tampoco se cumple, bastará con aplicar la estrategia número 3 para resolver conflictos con el adolescente: «Aplicar una consecuencia pactada previamente por si se daba el conflicto en cuestión».

Una nota final sobre esta estrategia de diálogo: nada nos obliga a seguir la conversación si empezamos a sentirnos mal por el curso que toma. Más aún: si notamos que se tuerce, es mejor posponer el diálogo para otro momento, diciendo algo como: «Vamos a seguir hablando en otro momento, ahora estoy nerviosa/tensa y no es buena idea continuar».

Dos métodos «extra» para vivir mejor: método «ALCAP» y método «coloca»

Después de todas las estrategias para evitar los conflictos, vivirlos o resolverlos, es necesario presentar dos métodos que han demostrado su eficacia para mejorar la convivencia y que implican respetar la progresiva independencia de los adolescentes respecto a los padres y el alejamiento inevitable de los niños que fueron, en tiempo y forma.

Método «ALCAP»

«As Less Contact As Possible»: menos es mejor

Ten presente esta regla en la cabeza: son las siglas de *As Less Contact As Possible*. Es una regla en la comunicación con los adolescentes que he creado y que va muy bien tener en cuenta. Y es que a menudo menos significa mejor. Se trata de mentalizarse, en serio, de que se van haciendo mayores y eso significa desprenderse de la tutela de los adultos, algo que debe pasar progresivamente; para ello puede ser necesario que los padres estemos menos presentes en sus vidas, empezando por tener menos interacciones domésticas.

Esto implica resignarnos a compartir con ellos menos tiempo, menos espacios, menos actividades. Quiere decir dejar que vayan a lo suyo con las personas que ellos elijan, que a menudo no seremos su familia. Implica renunciar a hablarles y a acompañarles tanto como nos apetecería, darles su espacio para tomar y rectificar sus decisiones sobre el tiempo libre y las relaciones que tienen, siempre que respeten las necesidades de la familia y que estén presentes cuando sea estrictamente necesario. Se trata de ir encontrando un equilibrio entre la presencia y la ausencia. Y hacerlo con tranquilidad y sin sentirnos desestimados, sino viviéndolo como algo natural y sano.

Además, hay ciertas situaciones en las que la ausencia de comunicación es lo mejor que les podemos ofrecer. Concretamente, hay dos en las que cuanto más respetamos el silencio y el espacio de cada uno, más evitaremos los malestares:

- Cuando hay un ambiente tenso.
- Cuando ya hemos hecho algunas cosas juntos durante un rato.

En estos dos casos, recuerda las siglas: *ALCAP=As Less Contact As Possible*. El adolescente necesita que nos alejemos y, si lo hacemos, nosotros también saldremos ganando: nos ahorraremos algún calambre con la electricidad del ambiente.

ALCAP es una regla de prudencia elemental: en los momentos de ambiente tenso o cuando ya hayamos hecho una actividad en común, *cuanto menos tengamos, mejor* para la tranquilidad de todos y para la paz familiar. Josep Pla lo decía así en *El cuaderno gris*: «Es como una especie de fatalidad, que la convivencia acentúa y acaba por convertirse en un problema insoluble. Cuanto más separada y alejada vive la gente, más ama. Cuantos más contactos tiene, más se desprecia».

Cuando lo escribía, él tenía veintiún años y hablaba de su padre...

Método «coloca»

Comunicarse como compañeros de piso

Algunas de las estrategias que te he ofrecido se pueden resumir en un consejo más general: mi método «coloca», que consiste en pasar progresivamente de tratar a los adolescentes como hijos y como niños a tratarlos como compañeros de piso.

Aunque dicho así puede sonar impropio —al fin y al cabo los compañeros de piso pagarían una parte proporcional y serían adultos—, va muy bien de cara a encontrar el tono de voz adecuado y las fórmulas comunicativas óptimas para que nos escuchen, nos respeten y colaboren.

Para poder hacerlo, intenta tener presente que tu hijo o hija es alguien que comparte la casa contigo y a quien le gusta recibir los mensajes tal y como te gusta a ti. De este modo le hablarás con la consideración con que lo harías a un adulto y así él se sentirá interpelado a responder como tal.

Lo llamo el método «coloca» por la palabra francesa *collocataire* (abreviado, *colloc)*, que significa «compañero de piso». Si, a medida que los adolescentes crecen, los tratas más como compañeros de piso que como niños que hay que educar, verás cómo su comportamiento se va ajustando a lo que se espera de un adulto más corresponsable. Se irá haciendo cargo cada vez más de lo que ocurre en casa y de su propio comportamiento. Todas las estrategias comunicativas que te he sugerido van en esta línea. Suponen una comunicación respetuosa y madura; permiten que nos relacionemos con tranquilidad y que, por lo tanto, todos seamos más felices juntos.

CAPÍTULO 10

GENERAR CONFIANZA

La confianza entre padres e hijos es un aspecto muy importante porque es lo que permite que la relación pueda ser de soporte y ayuda. Hay tres formas básicas de tener la confianza de los hijos adolescentes:

- Ser oyentes agradables.
- Hablar de nosotros.
- Ser fiables.

A continuación encontrarás desarrollados estos tres sistemas, que nos ayudarán a construir una relación de confianza mutua.

Sin embargo, también debemos decir que la confianza va creciendo a medida que asumimos como propios los métodos comunicativos para evitar o para resolver los conflictos de los capítulos 7 y 9. Relacionarnos en el sentido comunicativo de la forma que sugieren estos métodos implica tener una buena relación, respetuosa y tranquila; y este es un ingrediente importante de la confianza.

PRIMER SISTEMA
SER OYENTES AGRADABLES

De todas las formas de generar confianza, esta es sin duda la mejor.

Hay algo sencillo que debemos tener muy en cuenta: las personas hablamos con quienes nos gusta hablar. Y nos gusta hablar con personas que nos hacen sentir escuchados y comprendidos. Nos confiamos más, a la hora de contar nuestras cosas, con los amigos que nos escuchan con atención, que no juzgan nuestros sentimientos, que se hacen cargo de lo que nos ocurre y que nos saben decir las verdades suavemente y sin ofender.

A nuestros hijos les ocurre exactamente lo mismo, por eso saber escucharlos es clave para que nos quieran hablar. ¿Cómo se hace para ser un buen oyente con quien tengan ganas de conversar, de confiarle sus inquietudes, para así poder ayudarlos desde la confianza?

Hay cuatro indicaciones importantes:

1. Tener momentos compartidos.
2. No interrumpir.
3. Preguntar.
4. Contener nuestra opinión.

1) Tener momentos compartidos

Para poder hablar y hacerlo a gusto, debemos tener unas circunstancias que lo faciliten. Es muy difícil construir la confianza con un hijo adolescente si siempre hay hermanos u otros miembros de la familia presentes en las conversaciones. También es difícil si siempre estamos atareados o yendo cada uno a lo nuestro.

Para tener ocasión de conversar en confianza, va muy bien que haya momentos compartidos entre el adolescente y el adulto sin otras personas presentes y realizando alguna actividad juntos. Por ejemplo, ir a caminar, practicar un deporte, comer en un restaurante, arreglar juntos un desperfecto doméstico, pasear en bicicleta, pasar una noche en un hotel, hacer un taller para aprender algo, ir de compras... Son actividades que permiten encontrarse haciendo algo que no tiene que ver con la rutina cotidiana dentro de casa y que —al implicar que lo que hacemos, lo hacemos juntos— nos unen, nos vinculan de una manera particular que hace que sea más fácil tener una conversación.

Como, a medida que se hacen mayores, los adolescentes cada vez tienen menos ganas de compartir actividades con los padres, es una buena idea pensar bien qué les gustaría hacer y velar para que eso sea posible. Si no se te ocurre nada especial que quieran compartir —no sufras, es muy normal— siempre puedes llevarles a comer de vez en cuando fuera de casa contigo, como un adulto relajado y con ganas de tener una buena conversación. Almorzar juntos y solos suele dar la oportunidad de hablar de cosas que no se tratan en momentos más anodinos.

2) No interrumpirles

Es muy difícil, sobre todo cuando dicen:

- Tonterías.
- Inexactitudes o mentiras.
- Cosas que nos parecen profundamente injustas.

Es en estos momentos cuando demostraremos nuestro autocontrol. Contenernos y no interrumpir cuando un hijo habla es muy útil por dos cosas: por un lado, hace fluir la conversación sin tantas tensiones; por otro, constituye una gran enseñanza para nuestros hijos, un ejemplo magnífico de lo que tendrán que ser capaces de hacer ellos mismos cuando escuchen a alguien. Como siempre educamos a través de lo que hacemos —y no de lo que decimos que hay que hacer, y más aún en la adolescencia— escuchar sin interrumpir es una lección de vida que les damos y que les ayudará mucho a mantener conversaciones constructivas y buenas relaciones. Merece la pena esforzarse.

3) Preguntar

Esto es más fácil, solo hay que pensar en ello. Se trata de hacer alguna pregunta —la que sea— relacionada con lo que acaban de decirnos. Como quien pide una pequeña aclaración, algo más de información, una ampliación de lo que se ha dicho… La cuestión es mostrar interés por lo que el adolescente dice y que no le parezca que estábamos esperando a que acabara su turno para decir lo que opinamos. Si nos entrenamos, esta técnica pronto nos saldrá sola, sin prestarle atención.

4) Contener nuestra opinión

Cuando nos cuentan algo es importante no expresar un juicio negativo sobre su posición. Es fácil de entender, porque a todos nos ha pasado que, cuando hablamos con alguien que nos contradice todo el rato o que pone cara de encontrar mal todo lo que decimos, se nos van las ganas de seguir contándole cosas.

Hay quien lo tiene más fácil y quien lo tiene más difícil, según cómo sea de expresivo. Aquellos a los que se nos ve lo que estamos pensando como si fuéramos transparentes, debemos esforzarnos en contener los pequeños gestos y expresiones faciales de disgusto, ansia, indignación, desacuerdo o cansancio. Las personas menos expresivas no tienen tantas dificultades para no evidenciarlo cuando no están de acuerdo con lo que sienten.

En cualquier caso, ya sea fácil o difícil, es muy importante que, cuando un adolescente explica algo a los padres, estos sean lo más receptivos posible, y eso significa guardarnos las valoraciones para cuando sea el momento de hacerlas y ser muy escrupulosos mientras ese momento no llega, en el sentido de no dar muestras de lo que pensamos.

¿Cuándo es el momento de dar la opinión y aconsejar?

No es fácil mantenerse sin opinar y aconsejar, y hay personas muy proclives a proponer soluciones cuando oyen hablar de inquietudes y problemas. Pero, a menudo, quien expone lo que le ocurre necesita —antes que una solución técnica— atención y comprensión. Esto no significa que un buen consejo no sea bienvenido; lo que quiere decir es que, para que un consejo sea bien recibido —en especial por parte de los adolescentes—, primero hay que haber demostrado que quien escucha se ha hecho cargo plenamente de la situación expuesta y de la forma en la que la vive el protagonista. Por lo tanto, la mejor política a la hora de aconsejar es no querer correr. Si primero escuchamos y demostramos que nos hacemos cargo de la situación, después será el mejor momento para ofrecerle un consejo que tenga posibilidades de ser considerado.

Existe otro detalle importante de la conversación a la hora de dar consejo. El adulto *debe preguntar* si el adolescente *quiere saber* su opinión o si *desea recibir* su consejo. Frases como «¿Quieres saber qué se me ocurre a mí?», «¿Quieres saber qué haría yo?»,

«¿Te gustaría saber qué pienso?», o «¿Quieres una idea que quizá podrías probar?» implican que estamos *pidiendo permiso* para intervenir en sus asuntos. Generalmente cuando el adulto hace la pregunta, el adolescente tiende a responder en positivo. ¿Por qué? Pues porque la recibe como una consideración hacia él, como si le dijeran: «Opinaré en caso de que te parezca adecuado, porque sé que lo que me cuentas es un asunto tuyo y que no tengo derecho a decirte qué debes hacer». Es entonces cuando el adolescente responde:

—Dime.

Y en ese momento está dispuesto a escuchar lo que diremos a continuación. Está receptivo, es más proclive a considerar nuestras ideas.

Veámoslo con otro ejemplo. Lo que no debe hacerse:

Clara: —Marcos se ha enrollado con Lía y ni siquiera da la cara para decírmelo.

Madre/padre: —¿En serio? ¡Pues está claro que no te merecía! ¡Qué jetas! ¿Sabes qué? No hace falta que pienses más en ellos, pasa página y verás que hay gente mucho más valiosa a tu alrededor.

Si le decimos esto, Clara sentirá nuestra solidaridad, cierto, pero le haremos poco servicio. Mejor sería:

Clara: —Marcos se ha enrollado con Lía y ni siquiera da la cara para decírmelo.

Madre/padre: —¡Oh, vaya! ¿Y cómo ha sido esto?

Clara: —¡Me he enterado de casualidad! ¿Cómo puede ser tan burro?

Madre/padre: —Buena pregunta.

Clara: —Es que ya se veía venir, a Bruna le hizo lo mismo hace algún tiempo…

Madre/padre: —Vaya…

Clara: —Estoy muy triste…

Madre/padre: —Sí, lo veo y lo entiendo… Es normal cuando ocurre algo como esto.

Clara: —…

Madre/padre: —¿Quieres saber qué pienso?

Clara: —¿Qué?

Madre/padre: —Que a tu alrededor hay gente mejor. Y también que el tiempo te ayudará a pasar página.

Clara: —Quizá sí…

Esta conversación es más lenta que la primera, comporta más dedicación y tiempo, pero ayuda a hacer sentir más acompañada a Clara y a predisponerla mejor para pensar sobre nuestra opinión.

Cuando se tienen conversaciones en confianza, es bueno mirar en la misma dirección que mira el hijo cuando habla. Si mira un punto de la pared, nosotros igual. Si nos mira a nosotros, devolvámosle la mirada.

SEGUNDO SISTEMA
HABLAR DE NOSOTROS

Una de las formas de conseguir que los adolescentes hablen de sus cosas es hablándoles de las nuestras. Se trata, en una palabra, de ofrecer reciprocidad. Hablar de nosotros y de lo que nos ocurre implica abrirnos ante los hijos, y hace mucho más fácil que ellos también se abran para hablar de qué les ocurre y qué sienten.

Esto no significa que deban conocer nuestras intimidades ni que tengamos que darles las mismas informaciones que compartimos con los amigos. Solo quiere decir que es bueno que sepan quiénes somos y qué nos pasa más allá de conocernos como «el padre» y «la madre». Mientras que, cuando son pequeños, los hijos solo nos conciben como miembros de la familia —como si toda nuestra vida se limitara a ella—, a medida que se hacen mayores deben ir viendo que, más allá del padre y la madre, somos Oriol y Marina, que tenemos amigos con los que nos gusta hacer cosas sin el resto de la familia, que tenemos recuerdos de una vida desvinculada de nuestra pareja antes de conocernos, que tenemos proyectos personales y aficiones que no compartimos con la gente de casa... En una palabra, deben ir entendiéndonos como individuos más allá de la parentalidad.

Para conseguirlo podemos contarles pequeñas historias de nuestro pasado antes de ser su padre o madre, cosas como anécdotas del trabajo, informaciones sobre amigos que nunca han visto, ideas sobre cosas que quisiéramos hacer cuando ellos ya no nos necesiten, etc. Este nivel de conocimiento nos hará más cercanos y permitirá a los adolescentes concebirnos como un hombre o una mujer adultos que, más allá de ser padres de familia, tenemos una vida más amplia y llena de experiencias y matices que nos permiten comprenderles de forma más plena de lo que pensaban.

TERCER SISTEMA
SER FIABLES

Es clave para tener la confianza de nuestros hijos: es necesario que se puedan fiar de nosotros. Esto significa:

- Cumplir siempre lo que digamos (excepto por causas de fuerza mayor).

• No revelar sus secretos a nadie.

Es así de sencillo. Y de difícil.

Para cumplir siempre lo que decimos, debemos procurar no amenazar en caliente ni prometer alegrías que después no podamos proporcionar.

Para no revelar sus secretos a nadie, debemos contenernos y no hablar de lo que hemos quedado que no diríamos, porque sería una falta de respeto y nos jugaríamos la confianza del hijo. Si nos explica algo que tenemos la firme convicción de que debe saber otro por su propio bien, debemos convencer antes al hijo de darnos permiso para revelar la información, asegurándole que lo haremos sin perjudicarle y velando siempre por su interés.

Para tener confianza, es necesario tener una buena relación. Para tener una buena relación te ayudarán todas las estrategias y sistemas sugeridos hasta aquí. Y también las reflexiones finales a modo de epílogo.

EPÍLOGO
LA ADOLESCENCIA
Y EL CONFLICTO DE PODER

Hay muchos tipos de conflictos. A veces identificamos el conflicto con su tema o sus protagonistas, y decimos que tenemos un conflicto «de pareja», «vecinal» o «laboral». Pero es interesante, a la hora de analizar un conflicto, hacerlo desde el punto de vista de su «motor», ver qué hay en el fondo de la dinámica conflictiva. [16] Aunque no lo parezca, el conflicto padres-adolescentes tiene muchas veces como motor el poder, es un conflicto «de poder». Este conflicto puede ser latente o evidente, pero en el fondo de muchos problemas con el adolescente existe —tanto si se es consciente como si no— su voluntad de control. El chico, la chica, quiere el control de tantos aspectos de su vida como sea posible. Quiere tomar decisiones, quiere determinar con total libertad qué hace y qué deja de hacer, cuándo, dónde,

---

16. En mediación, este análisis nos ayuda mucho a decidir su tratamiento. La mediación es un procedimiento utilísimo para llegar a acuerdos en la familia, muy recomendable cuando se convive con adolescentes.

cómo, con quién. Y los padres, por su parte, se encuentran en la tesitura de ceder o no ceder el control de diversas situaciones a alguien que no parece capaz de ejercerlo, o que cuanto menos no parece capaz de ejercerlo debidamente, con prudencia y sentido común, con un conocimiento suficiente de la realidad para tomar buenas decisiones.

Entre todos los conflictos posibles, el conflicto de poder es de los más complejos de resolver, porque negociar el poder implica poner en juego emociones tan difíciles de gestionar como el miedo y el amor propio.

El miedo y el amor propio

El poder que está en conflicto entre los padres y los adolescentes es, aparentemente, el de decidir qué debe hacer el hijo. Pero, en el fondo, se trata del poder de decidir *cómo debe ser* el hijo. Me explico: durante unos años, los adultos a cargo del niño que crece hemos tomado las mejores decisiones que hemos sabido para contribuir a *hacer* de nuestro hijo una persona valiosa. Y en la adolescencia, cuando el hijo quiere ir a lo suyo, cuando quiere tomar las decisiones por su cuenta, los padres tenemos miedo de que estas decisiones le conviertan en alguien que nosotros no querríamos que fuera.

El miedo

Es natural que genere miedo y preocupación la posibilidad de que tu hijo sea de una forma que tú no querrías, y es que si quieres que tu hijo sea de una determinada manera seguramente es, entre otras cosas, porque piensas que así será más feliz. Como padre o madre sientes la necesidad de evitar a toda costa que tu hijo sea «un desgraciado de por vida». El deseo de lo mejor para él hace que tengas miedo de que decida cosas que le podrían perjudicar para siempre. Así, por ejemplo, generalmente los padres tememos que el hijo deje de estudiar porque pensamos que esto le restará oportunidades de ganarse bien la vida, o de saber cosas esenciales para entender el mundo; tenemos miedo de que pruebe las drogas porque pensamos que puede caer en la adicción; tenemos miedo de que frecuente malas compañías porque pensamos que pueden influenciarle a la hora de tomar decisiones equivocadas. Esto es natural y muy fácil de entender.

El instinto de protección hacia el hijo implica, a la fuerza, el miedo a que tome decisiones que le dejen desprotegido o que le perjudiquen; de ahí que los padres luchemos por mantener el poder sobre las decisiones importantes, con el objetivo de protegerle, de evitar que se equivoque y salga dañado. Este miedo a dejarlo desprotegido es el primer motor del conflicto de poder.

Los valores

Los padres tampoco queremos que nuestro hijo se convierta en alguien que nosotros no querríamos que fuese a causa de nuestros principios y valores. Por lo general, nadie quiere que sus hijos sean unos delincuentes y, en particular, queremos que su manera de ser respete principios que son importantes para nosotros. Estos principios pueden diferir mucho de una familia a otra, pero en todas los hay. Por ejemplo, hay padres que no quieren que sus hijos coman carne, otros no quieren que ocupen viviendas, otros no quieren que tengan creencias religiosas, y otros no quieren que se tatúen el cuerpo, sean homosexuales o se hagan militantes antiabortistas.

Los principios y valores que sostenemos los padres suelen ser importantes para nosotros y no nos gusta que los hijos los combatan o que con su actitud se muestren contrarios o demasiado distantes. Este disgusto viene de que entonces sentimos impugnado algo esencial para nosotros, es decir, nos sentimos «cuestionados», y eso nos incomoda, nos desagrada, incluso nos subleva. Cuando los hijos expresan [17] opiniones que nos indignan o quieren tomar decisiones radicalmente contrarias a las que tomaríamos nosotros, a menudo sentimos que nos cuestionan en lo esencial, que nos desprecian o que consideran errónea nuestra actitud vital. Este es el segundo motor del conflicto.

El autoconcepto

Y, en estrecha conexión con esto, existe todavía un tercer motor del conflicto de poder que, aunque a menudo se nos oculta, afecta profundamente la relación con los hijos. Está vinculado a nuestro autoconcepto como padres.

Cuando los adolescentes dicen cosas en el otro extremo de nuestra manera de ver el mundo y de sentir, cuando se muestran en las antípodas de nuestra forma de ser, nos preguntamos *cómo es posible* que *nuestro* hijo piense o sea de esa manera. A veces, sin ser del todo consciente de ello, el dolor interno que sentimos tiene que ver con que, sin saberlo, nos cuestionamos a nosotros mismos como padres. Nos preguntamos cuáles han

---

17. Que expresen ciertas opiniones no significa necesariamente que las tengan. Una parte del conflicto con el adolescente nace de su necesidad de expresarse contra lo que los padres decimos que creemos o queremos.

sido nuestros errores, descuidos o malas decisiones que pueden explicar que ahora los hijos sean como son y piensen como (dicen) que piensan. ¿Qué hicimos o dejamos de hacer para que nuestra hija diga que «tomar drogas no es tan malo como lo pintan»? ¿O para que nuestro hijo diga que «trabajar es de pringados»? La indignación con algunos de sus postulados o actitudes es, en ocasiones, incomodidad con nosotros mismos, que, en el fondo del fondo, nos preguntamos si tenemos parte de responsabilidad en lo que nuestro hijo hace o piensa. Un punto de complejo de culpabilidad.

Ideas tranquilizadoras

Hay una idea tranquilizadora para cada una de estas tres ideas que son motor del conflicto (el temor a que tomen decisiones erróneas que les perjudiquen, el cuestionamiento de nuestros valores y la sensación de que quizá hasta ahora no los hemos educado como hubiera sido necesario). Las expongo a continuación con la intención de ayudarte a adoptar puntos de vista realistas y a relajar las inquietudes como padres:

1) Tomarán decisiones erróneas, y esto es inevitable y necesario

Podremos evitar algunos de los errores más graves gracias a la comunicación y los límites, pero no siempre podremos conseguir que los adolescentes hagan lo que desde nuestro punto de vista sería más conveniente.

Nuestros hijos cometerán errores que no cometerían si nos escucharan tal y como a nosotros nos gustaría. Hay que dar por sentado que, por mucho que queramos instruirles con nuestra experiencia, este conocimiento no les sirve, alguna vez deberán pillarse los dedos con la puerta para asegurarse de que en adelante vigilarán dónde los ponen. Podemos advertirles, aconsejarles y hablarles de nuestros errores y aciertos y esto podrá ayudar a hacerles un poco más prudentes, a abrirles más los ojos ante determinadas experiencias que se les acerquen. Sin embargo, desgraciadamente la especie humana no evoluciona de tal modo que las generaciones anteriores puedan traspasar toda su experiencia vital y emocional a las siguientes generaciones. Si así fuera, humanamente habríamos progresado tanto como hemos progresado técnicamente; en cambio, nos encontramos con que, a pesar de comunicarnos vía satélite, todavía nos apaleamos unos a otros.

Que los hijos se equivoquen y se pillen los dedos con la puerta nos disgusta y nos hace sufrir, y sin embargo, es hasta cierto punto inevitable. Más aún: es conveniente, es necesario. Solo si tienen la oportunidad de experimentar por cuenta propia podrán asimilar la experiencia necesaria. Solo si es necesario que se enfrenten a ciertos problemas concretos que les afecten personalmente podrán adquirir herramientas para afrontar otros problemas que se les presentarán cuando no sean tan jóvenes y ya no puedan contar con la protección, en última instancia, de la familia, tal y como cuentan ahora.

Por otro lado, existe la forma en que los padres vivimos las decisiones que consideramos erróneas. Cuando no se pueden evitar, existe la opción emocionalmente inteligente de vivirlas con respeto y desde nuestra propia independencia, teniendo claro que su vida no es la nuestra y que son ellos los que deben elegirla, tal y como nosotros elegimos cuando fue nuestro momento.

Algún ejemplo

Si una madre tiene un máster en Biotecnología y se dedica a la investigación en un laboratorio y el hijo decide trabajar extrayendo carbón en una mina como picapedrero, es muy probable que la madre piense que se equivoca y que esta decisión lo condenará a una vida precaria e insalubre.

Si una madre ha destinado todos sus esfuerzos a subir el restaurante de los abuelos durante treinta años de su vida y la hija lo hereda y decide venderlo para regalar las ganancias a una asociación de ayuda a los gatos desnutridos, es bastante seguro que la madre pensará que la hija se equivoca sin remedio.

Y sin embargo, el poder de estas dos madres sobre la decisión de su hijo y de su hija es limitado. Tal vez con sus advertencias e insistencias puedan evitarlo, o puede que no. En cualquier caso, es imprescindible que, si no pueden evitar la decisión, esta no arruine su bienestar personal ni su relación con el hijo o la hija. Tengámoslo muy presente: lo que hará infelices a las dos madres será más *su manera de vivir la decisión* del hijo y la hija que no la decisión en sí (que, además, puede que haga felices al hijo o la hija, aunque nos parezca extraño que alguien quiera trabajar en una mina de carbón por gusto o quiera deshacerse del negocio familiar en beneficio de los gatos callejeros).[18]

La decisión en sí quizá no se pueda cambiar. Lo que sí se puede cambiar —haciendo un trabajo interno y a veces contando con un soporte profesional— es nuestra forma de vivir, interna-

---

18. Nuestros padres también debieron de encontrar que nosotros nos equivocábamos en algunos momentos: quizá hubieran preferido que estudiáramos Administración y Dirección de Empresas en vez de Antropología; quizá hubieran preferido que nos casáramos con el farmacéutico antes que vivir con aquel chico que en verano trabajaba de camarero y que el resto del año no estaba claro qué hacía.

mente, la decisión de los hijos. *La libertad última radica en nuestra forma de vivir lo que nos pasa, a pesar de no poder decidir sobre lo que ocurre.*

2) Nuestros principios y valores son eso: nuestros

No necesariamente coinciden con los de nuestros padres. Nosotros, a día de hoy personas adultas responsables de una familia, pudimos decidir cómo pensamos tanto si a nuestros padres les pareció bien como si no, y eso mismo deben poder hacer nuestros hijos.

También hay que tener en cuenta que lo que nuestros hijos dicen que piensan no es necesariamente lo que pensarán dentro de diez años, y que la forma en la que se comportan tampoco es la forma en la que se comportarán cuando sean mayores.

Además, hay que recordar que también suele haber una necesidad contestataria de autoafirmación, que hace que a veces digan que piensan ciertas cosas solo para tensionar la relación, o para afirmarse diferenciando su pensamiento del nuestro (recuerda la sexta estrategia del capítulo «Cómo vivir los conflictos»).

Si hacemos memoria y comparamos lo que nosotros hemos valorado o valoramos con lo que valoraban nuestros padres, seguramente existen algunas diferencias sustanciales, lo que no es necesariamente un problema. O tal vez nos daremos cuenta de que durante una época los valores de unos y otros se diferenciaban más y que, con el tiempo, nos hemos ido acercando. Y entonces, ¿quién nos dice que algo parecido no podría ocurrir en el futuro en el caso de nuestros hijos? De cualquier modo, la vida que ellos elijan puede hacerles felices con independencia de si los valores que la rigen coinciden plenamente con los nuestros o no.

Un ejemplo

Imaginemos a un padre que considere que su papel —y el éxito en la vida— es el de formar y proteger una gran familia y procurar el máximo de recursos para todos sus miembros. Imagina que este padre tenga un hijo que solo quiera viajar por el mundo trabajando lo justo para poder ir saltando de un continente a otro sin consolidar ninguna trayectoria laboral sólida. Es posible que este padre sienta una gran frustración pensando que su hijo no da valor a lo que realmente lo tiene y que, además, desprecia con su actitud, la opción y el esfuerzo del padre. ¿Está este padre condenado a sentir disgusto y frustración, a sentirse contrariado y cuestionado? No, se sentirá así solo hasta que sea capaz de cambiar la mirada, hasta que asuma que la opción de su hijo es tan legítima como la que eligió él, siempre que haga feliz al chico y no perjudique a nadie. [19]

3) No somos responsables del carácter de los hijos

Nuestro estilo a la hora de educar, las decisiones que tomamos cuando eran pequeños y todo lo que hicimos o dejamos de hacer, no explica al cien por cien la forma de ser y de actuar de nuestros hijos. No somos los únicos responsables de su carácter, sino que los hijos son el producto de muchos factores que escapan a nuestro control, factores sobre los que no tenemos responsabilidad. No son solo el resultado de la educación que han recibido por nuestra parte; son el resultado, también, de la herencia genética de personas que ni siquiera conocemos

---

19. Si lees el cuento «La legión extranjera», de Pere Calders, podrás divertirte un rato con un ejemplo extremo de esta idea.

(nuestros antepasados y los de nuestra pareja), del entorno en el que viven, de las experiencias que tienen, de las relaciones en la escuela y en el entorno, de la influencia de los medios de comunicación… y de otros factores igualmente difíciles de controlar.

Esta idea es muy importante porque, como muy bien dice Harris,[20] «si el padre es considerado responsable del carácter de su hijo; si el comportamiento del hijo es considerado como una forma de medir el valor moral y personal del padre/madre, el poder del hijo se hace inmenso. En efecto, por medio de su conducta puede determinar el respeto que otorgan a sus padres terceras personas y la imagen que los padres tengan de sí mismos». Esto no es justo y además tiene una implicación educativa muy perversa porque, como sigue diciendo el mismo autor, «si el hijo tiene tanto poder, puede utilizarlo para reducir el área de control paterno». El hecho de considerar que los padres son responsables del carácter de los hijos, precisamente les priva del grado de control sobre los hijos que necesitarían para poder cumplir con esta responsabilidad.

Hemos hecho muchas cosas bien hechas, y en general lo hemos hecho lo mejor que hemos sabido y como nos han permitido las circunstancias en cada momento. Además, así como quizá hemos tomado decisiones dudosas, también hemos tomado otras acertadas, que no siempre se ponen en evidencia porque no representan problemas. Y estas decisiones también debemos saber ponerlas en valor.

---

20. C. C. Harris, *Familia y sociedad industrial,* Península, Barcelona, 1986, pág. 290 (traducción de la autora).

Un ejemplo

Tomemos el caso de unos padres muy partidarios de hacer vida
en comunidad y muy comprometidos con su tejido social, que
tienen un hijo muy individualista, que va a lo suyo, con poca
capacidad de vincularse y comprometerse con otras personas.
Quizá estos padres se pregunten por qué su adolescente se
comporta de una manera tan poco sociable y egoísta, y lleguen
a la conclusión de que, si de pequeño le hubieran apuntado a
hacer un deporte de equipo, ahora este jovencito sería más soli-
dario, o tendría más amigos, o estaría más dispuesto a hacer
esfuerzos por los demás. No vale la pena darle vueltas: no hay
ninguna prueba fehaciente que demuestre que sí, que esta habría sido la profilaxis adecuada. Puede que sí hubiera producido
el efecto deseado, y puede que no. Apuntarlo a hacer un deporte en equipo no sería una garantía al cien por cien de que el
chico fuera más colaborativo. Otros factores indistinguibles (la
genética, por ejemplo) podrían influir en otro sentido.

Además, puede que estos padres no tengan en cuenta,
cuando se juzgan severamente a sí mismos, decisiones que han
tomado en otros aspectos de la educación de su hijo. Cuando
revisitemos nuestra trayectoria como padres, es importante fijarnos más *en lo que hemos hecho bien* que en lo que no hemos
hecho tan bien. Esto no es fácil, porque lo que ha sido acertado
es más difícil de ver, puesto que, al no traducirse en un problema,
no salta a la vista, sino que entra dentro del concepto de normalidad, así que no es motivo de celebración ni de preocupación, y
por lo tanto es menos evidente. Puede que, fruto de otras decisiones, este chico que es individualista y egoísta tenga también
una gran autonomía, tome sus decisiones con mucha conciencia
y seguridad, sin necesitar la aprobación de los demás, lo cual es

una virtud que no valoramos tanto porque, al no representar un problema, es menos evidente.

Hemos visto, pues, que cada uno de los tres motores del conflicto de poder debe asociarse a una idea que nos puede tranquilizar:

1. El miedo a que tomen decisiones erróneas que les perjudiquen, a la idea de que el hecho de que se equivoquen es inevitable y necesario.
2. El cuestionamiento de nuestros valores, a la idea de que nuestros valores no tienen por qué ser los suyos (además, van a evolucionar después de la adolescencia).
3. La incomodidad de pensar que quizá no les hemos educado bien, a la idea de que les hemos educado lo mejor que hemos sabido y podido, y que no todo depende de la educación: no somos plenamente responsables de su carácter.

Y hemos visto también que un cambio de mirada puede sernos muy útil para vivir con más calma y serenidad la inevitabilidad de algunas cosas.

El amor y la rabia

Quiero terminar estas reflexiones con la observación de dos sentimientos, el amor y la rabia, que a menudo se mezclan en la relación emocional con nuestros hijos adolescentes.

El amor que les tenemos, y que vemos con claridad que es incondicional e inevitable cuando las cosas van bien y cuando nos necesitan, toma dos formas. A veces se convierte en generosidad y sacrificio. Una generosidad y un sacrificio que, en ocasiones, haremos bien en regular para no volver a los hijos acomodados y exigentes. Otras veces el amor toma la forma de preocupación, cuando no hacen lo que les conviene. Ya hemos hablado de cómo contener la preocupación y de cómo razonar con ellos para ayudarlos.

A veces ocurre que el amor se convierte en rabia. De la rabia que por momentos sentimos los padres y las madres hacia nuestros adolescentes no se habla demasiado abiertamente, pero incluso nos lleva a arrepentirnos de haberlos tenido. Esta rabia suele venir de dos fuentes. La primera, la frustración que sentimos cuando no hacen lo más conveniente para sí mismos y su futuro, a pesar de que podrían hacerlo y pese a nuestra ayuda. La segunda fuente de rabia es la sensación de desagradecimiento. Viene cuando, a pesar de todos los esfuerzos y sacrificios que hacemos por ellos dado el amor que les tenemos, se muestran insolentes o indiferentes. En estos momentos, es difícil evitar una sensación de injusticia que nos corroe.

Ante el dolor que provoca ese sentimiento, podemos hacer dos cosas: protegernos y curarnos.

Protegernos y curarnos

Para protegernos, para prevenir la rabia, para evitar la sensación de desagradecimiento, es necesario no realizar tantos esfuerzos y sacrificios, suprimiendo muchas de las cosas que hacemos por ellos y que a su edad ya no son necesarias porque las podrían resolver ellos mismos. Tengamos claro que nuestros hijos tienen lo que necesitan —seguramente, mucho más de lo que necesitarían, mucho más de lo que tienen otros chicos y chicas en el mundo que también crecen sanos y fuertes a pesar de muchas carencias—. Nos convendrá recordar de vez en cuando que a los hijos les hará bien prescindir un poco más de nosotros y de nuestra ayuda para ser más autónomos, para aprender a cuidarse a sí mismos, y que dejar que de vez en cuando tengan problemas forma parte de su educación. Un poco de frescura, en nuestra relación con ellos, nos permitirá vivir más tranquilos, a los jóvenes y a los adultos, y nos ahorrará a los padres frustración y rabia, es decir, malestar (a la vez que a los adolescentes les hará crecer con menos dependencias).

Y, para curarnos del malestar que provoca la rabia en ciertos momentos, podemos hacer varias cosas:

1) Repetirnos los pensamientos que ayudan:

- No somos responsables de su carácter.
- Algún día nuestro hijo valorará lo que hemos hecho por él.
- El cerebro del adolescente cambia constantemente. Evolucionará y mejorará despacio, más allá de los veinte años.
- A menudo hacen cosas que no corresponden a causa de alguna de estas necesidades:
  a. Sentirse vinculado, conectado.
  b. Sentirse valorado por sus iguales o por sus referentes.
  c. Distinguirse de los padres.

Son necesidades naturales a su edad, que pasarán a medida que crezcan.

- A menudo los adolescentes se sienten ineptos y frustrados y esto explica algunas reacciones irracionales, que pueden llegar a ser agresivas. Son comportamientos inaceptables, pero no inexplicables.

- Los adolescentes a veces no se comportan como es debido, pero nos aman y nos valoran aunque no lo parezca. También quieren a sus hermanos, aunque a veces esto no es visible hasta que no existe un caso de necesidad.

2) Buscar apoyo

En un grupo de formación de padres, donde se puede aprender a poner en práctica muchas estrategias comunicativas para relacionarse mejor con los hijos y procesar los acontecimientos de forma serena.

3) Consultar el caso con una persona experta

Alguien que te acompañe con una reflexión y orientación adaptada a tu caso. Esta reflexión te ayudará a vivir mejor lo que está pasando, dándote perspectiva y herramientas para proteger tu tranquilidad y ayudar al adolescente. Mejor si esa persona proviene del entorno educativo.

Por último, recuerda aquel pequeño truco, el método «coloca» del final del capítulo anterior: poco a poco, intenta convertir a tu hijo en un compañero de piso. Que asuma progresivamente responsabilidades sobre lo común, que sea escuchado con consideración y tratado… como alguien con quien compartes la vida y el techo más que como una criatura para educar. Este trato más igualitario le hará sentir llamado a asumir un nuevo papel, a comportarse como el adulto que le gustaría ser.

Con estos elementos, padres y adolescentes disfrutarán más de la compañía mutua en este último tramo del camino que hagan juntos antes de verlos alejarse, hacia el horizonte donde siempre vuelve a salir el sol.